जय गंगा

जय गंगा

राधाकांत भारती

ज्ञान विज्ञान एजूकेयर

प्रकाशक • **ज्ञान विज्ञान एजूकेयर**
3639, प्रथम तल
नेताजी सुभाष मार्ग, दरियागंज
नई दिल्ली–110002

संस्करण • प्रथम, 2019
मूल्य • दो सौ पचास रुपए
मुद्रक • आर–टेक ऑफसेट प्रिंटर्स, दिल्ली

JAI GANGA *by* Shri Radhakant Bharati ₹ 250.00
Published by GYAN VIGYAN EDUCARE
3639 Netaji Subhash Marg, Darya Ganj, New Delhi-110002
ISBN 978-93-84344-97-9

लेखकीय

गंगा हिमालय से निकली एक सामान्य जलधारा नहीं है, बल्कि भारतीय सांस्कृतिक वैभव की पावन प्रतीक है। युगों-युगों से भारतीय समाज के हर वर्ग ने इसे अपनी भावनात्मक आस्थाओं का प्रतीक मानकर वंदना की है। भारतवर्ष के विशाल जन-समुदाय ने ममतामयी माँ के रूप में गंगा को विशिष्ट मान्यता दी है।

भारत ही नहीं, पूरे संसार में किसी अन्य जलधारा को इतना महत्त्व और प्रतिष्ठा नहीं मिली है, जितनी गंगा को युगों-युगों से प्राप्त होती रही है।

गंगा के प्रति ऐसी आस्था और श्रद्धा के कारण क्या हैं ? पौराणिक काल से ऐसा विश्वास है कि गंगा धारा की उत्पत्ति स्वर्ग में हुई है और इसके जल में अनेक प्रकार के अमृत तुल्य गुण हैं। इसलिए भारत में समारोहों, कथाओं और धार्मिक अनुष्ठानों में गंगा-जल का रहना मंगलकारी माना जाता है।

इस संदर्भ में पंडित जवाहरलाल नेहरू का कथन है—"गंगा की कहानी, उसकी उत्पत्ति से लेकर सागर में मिलने तक प्राचीनकाल से

अर्वाचन तक, भारत की सभ्यता और संस्कृति की कहानी है।"

इसी आस्था के वशीभूत हो, हिंदू समुदाय के लोग कहीं भी स्नान करते हैं तो गंगा सहित पुण्यदायी नदियों के मंत्र का उच्चारण करते हैं—

गङ्गे च यमुने चैव गोदावरि सरस्वती।
नर्मदेसिन्धु, कावेरीजलेऽस्मिन् सन्निधंकुरु।।

"हे पतितपावनी माँ गंगा, हे यमुना, हे गोदावरी, हे सरस्वती, हे नर्मदा, सिंधु और कावेरी सब करो कृपा, प्रकट हो इस जल में, जिससे मैं कर सकूँ आत्मशुद्धि!" इस प्रार्थना का सार यही है कि सभी नदियाँ बहुमूल्य हैं और गंगा भारत की सभी नदियों तथा हर तरह के जल की मूल प्रतीक है।

आदिकाल से ही गंगा भारत की आस्था, श्रद्धा और पूजा की, ईश्वरीय कृपा और दिव्य मंगलमयी कामना की नदी रही है।

भारतीय उप-महाद्वीप का उत्तरी क्षेत्र, जिसे गंगा-सिंधु के मैदान के रूप में जानते हैं, संसार का उत्तम कृषि क्षेत्र माना जाता है, यह गंगा तथा उसकी सहायिकाओं की बहुमूल्य देन है। किंतु बदलती परिस्थितियों में और लोगों की भोगवादी तथा लालच की प्रवृत्ति के कारण पावन गंगा अब कलुषित होती जा रही है। भौतिक विकास के नाम पर अत्यधिक दोहन के कारण अब कई क्षेत्रों में गंगा का जल निर्मल नहीं, मैला होता जा रहा है, जिसके भयंकर परिणाम सामने आने लगे हैं।

अतएव समय की पुकार है कि हम सचेत होकर गंगा में बढ़ते प्रदूषण पर शीघ्र अंकुश लगाएँ। यह संयोग की बात है कि सरकार के साथ गंगा को निर्मल बनाए रखने के लिए जन-जागरण का भी सफल प्रयास आरंभ हो रहा है।

मेरे इस प्रयास से गंगा के प्रिय पात्रों को और छात्रों को सूचनाप्रद

जानकारी मिलेगी। सहृदय पाठकों से निवेदन है कि अपनी प्रतिक्रिया प्रकाशक एवं लेखक को भेजने की कृपा करें, जिससे यथोचित सुधार की संभावना भी रहे। जय गंगे!

—राधाकांत भारती

56, नागिन लेक अपार्टमेंट्स

पीरागढ़ी, नई दिल्ली–110087

फोन : 011–25285918

लक्ष्मण झूला पहुँचती गंगा धारा

बेलावन (मैनग्रोव) की विचित्रता, जहाँ वृक्षों की डालियों के साथ जड़ें भी दिखाई पड़ती है।

उत्तर काशी पहुँचती गंगा की तेज धारा

कनखल से आगे बहती गंगा की मंथर धारा

अनुक्रम

पावन गंगा

उद्गम तथा जलप्रवाह की दिशा के अनुसार भारतीय उपमहाद्वीप की महत्त्वपूर्ण नदी का नाम है—गंगा, जो हिमालय से बांग्लादेश तक 2525 कि.मी. की यात्रा तय करती है। अपने विशाल प्रवाह क्षेत्र में पूर्व की दिशा में बहती हुई इसकी धारा फरक्का के निकट दक्षिण की दिशा में मुड़कर दो शाखाओं में बँट जाती है। यह नदी भारत में भागीरथी, अलकनंदा, गंगा तथा हुगली नाम से पुकारी जाती है।

(देवप्रयाग) दो धाराओं के संगम के बाद गंगा नामकरण

गंगा की मूल धारा भागीरथी का उद्गम पवित्र गोमुख—गंगोतरी

नामक हिमनद से हुआ है। भागीरथी अपने उद्गम स्थान से निकलकर 35 कि.मी. तक पश्चिम की ओर प्रवाहित होती हुई दक्षिण की ओर मुड़ जाती है। इसकी मुख्य सहायिका अलकनंदा है, जो देव प्रयाग में इससे मिलती है।

देवप्रयाग से ही अलकनंदा और भागीरथी के सम्मिलित जलप्रवाह का नाम गंगा हो जाता है। विशाल हिमालय की शृंखला को लक्ष्मणझूला के पास छोड़कर यह हरिद्वार नामक तीर्थ से मैदानी भाग में प्रवेश करती है। फिर अपने उद्गम से लेकर गंगा सागर तक 2525 किमी. की यात्रा के बाद गंगाधारा बंगाल की खाड़ी में विलीन हो जाती है।

□

गंगा का सांस्कृतिक पक्ष

गंगा प्राचीनकाल से ही भारतीय जनमानस में अत्यंत पूज्य रही है। इसका धार्मिक महत्त्व जितना है, विश्व में शायद ही किसी नदी का होगा, यह विश्व की एकमात्र नदी है, जिसे श्रद्धा से जगत् माता कहकर पुकारा जाता है।

महाभारत में कहा गया है—

यद्यकार्यशतं कृत्वां कृतं गंगाभिषेचनम्।
सर्वं तत् तस्य गंगाम्भोः दहत्यग्निरिवेन्धनम्॥
सर्वंकृतयुते पुण्यं त्रेतायां पुष्करं स्मृतम्।
द्वापरेऽपि कुरुक्षेत्रं गंगा कलियुगे स्मृता॥
पुनाति कीर्तिता पापं दृष्टा भद्रं प्रयच्छति।
अवगाढ़ा च पीता च पुनात्यासप्तमं कुलम्॥

(महाभारत/वनपर्व 85/89-90-93)

अर्थात् जैसे अग्नि ईंधन को जला देती है, उसी प्रकार सैकड़ों निषिद्ध कर्म करके भी यदि गंगा-स्नान किया जाए, तो उसका जल उन सब पापों को भस्म कर देता है। सतयुग में सभी तीर्थ पुण्यदायक होते थे। त्रेता में पुष्कर और द्वापर में कुरुक्षेत्र तथा कलियुग में गंगा की सबसे अधिक महिमा बताई गई है। नाम लेने मात्र से ही गंगा पापी को पवित्र कर देती है, देखने से सौभाग्य तथा स्नान या जलग्रहण करने से

सात पीढ़ियों तक कुल पवित्र हो जाता है।

गीता में भगवान् श्रीकृष्ण ने 'स्रोतसामस्मि जाह्नवी' अर्थात् जलस्रोतों में जाह्नवी (गंगा) मैं ही हूँ, कहकर गंगा को अपना स्वरूप बताया है। शास्त्रकारों का कहना है—औषधि: जाह्नवी तोयं वैद्यो नारायणो हरि: अर्थात् आध्यात्मिक रोगों की दवा गंगाजल है। उन रोगों के रोगियों के चिकित्सक परमात्मा नारायण हरि हैं, गंगा का आध्यात्मिक महत्त्व शास्त्रों में विस्तार से बताया गया है—

पद्मपुराण में कहा गया है कि गंगा के प्रभाव से मनुष्य के अनेक जन्मों के पाप नष्ट हो जाते हैं और अनंत पुण्य प्राप्त होते हैं और स्वर्गलोक में निवास मिल जाता है।

अग्निपुराण में कहा गया है कि गंगा सद्गति देनेवाली है। जो नित्य गंगाजल का सेवन करते हैं, वे अपने वंश सहित तर जाते हैं। गंगा-स्नान, गंगाजल के पान तथा गंगा के नाम का जप करने से असंख्य मनुष्य पवित्र और पुण्यवान हुए हैं। गंगा के समान कोई जलतीर्थ नहीं है। स्कंदपुराण में कहा गया है कि जैसे बिना इच्छा के भी स्पर्श करने पर आग जला देती है, उसी प्रकार अनिच्छा से भी गंगा-स्नान करने से गंगा मनुष्य के पापों को धो देती है—

अनिच्छयापि संस्पृष्टो दहनो हि यथा दहेत्।
अनिच्छयापिसंस्नाता गंगा पापं तथा दहेत्॥

(स्कंदपुराण/काशी खंड 27/49)

गंगा का महत्त्व भौतिक और आध्यात्मिक दोनों ही है। आध्यात्मिक दृष्टि से गंगा में स्नान करना पुण्य कर्म माना जाता है, क्योंकि इससे पाप और रोग-दोष दूर हो जाते हैं। वनपर्व के अनुसार यद्यपि कुरुक्षेत्र में स्नान करके मनुष्य पुण्य प्राप्त कर सकता है, पर कनखल और प्रयाग के स्नान को सबसे अधिक पवित्र माना गया है। यदि कोई व्यक्ति सैकड़ों पाप करके भी प्रयागराज में गंगा स्नान कर ले तो उसके पाप

धुल जाते हैं। विष्णु पुराण के अनुसार अलकनंदा नामक दक्षिणीय भेद को भगवान् शंकर ने अत्यधिक प्रीतिपूर्वक सौ वर्ष से भी अधिक अपने मस्तक पर धारण किया, जिसने श्री शंकर के जल कलाप से निकलकर सगर पुत्रों के अस्थिचूर्ण को आप्लावित कर उन्हें स्वर्ग में पहुँचा दिया। इसके जल में स्नान करने से शीघ्र ही समस्त पाप नष्ट हो जाते हैं और अपूर्व पुण्य की प्राप्ति होती है।

कनखल में बहती गंगा

इसी प्रकार भविष्य, मत्स्य, गरुड़ और पद्मपुराणों के अनुसार हरिद्वार, प्रयाग और गंगा के समुद्र संगम में स्नान करने से मनुष्य मरणोपरांत स्वर्ग पहुँच जाता है, उसे निर्वाण की प्राप्ति हो जाती है। कहा गया है कि मनुष्य गंगा के महत्त्व को मानता हो या न मानता हो, यदि वह गंगा के समीप लाया जाए और वहीं मृत्यु को प्राप्त हो तो भी वह स्वर्ग को जाता है और नरक नहीं देखता। पद्मपुराण के अनुसार गंगा सभी प्रकार के पतितों का उद्धार कर देती है। कहा जाता है कि गंगा में स्नान करते समय व्यक्ति को गंगा के सभी नामों का उच्चारण करना

चाहिए। उसे जल तथा मिट्टी लेकर गंगा से याचना करनी चाहिए कि आप मेरे पापों को दूर कर तीनों लोकों का उत्तम मार्ग प्रशस्त करें।

उद्गम

गंगा का उद्गम हिममंडित 'गोमुख तीर्थ' से हुआ है। गंगोतरी से लगभग दस मील पर देवगढ़ नामक नदी गंगा में मिलती है। वहाँ से सात किलोमीटर ऊपर चीड़ों का वन है। इस वन से चार मील दूर 'गोमुख' है। यहाँ हिमनद (ग्लेशियर) के नीचे से गंगाजी प्रकट होती हैं। गोमुख में बहुत ठंड पड़ती है, इतनी ठंड कि पानी में हाथ डालते ही सुन्न हो जाता है। यहाँ से नीचे गंगोतरी धाम है। गंगोतरी में स्नान के पश्चात्, गंगाजी का पूजन करके गंगाजल लेकर यात्री नीचे उतरते हैं। यह स्थान समुद्र तल से दस हजार फीट की ऊँचाई पर गंगा के दक्षिण तट पर स्थित है। आस-पास के क्षेत्र में देवदारु और चीड़ के जंगल हैं। यहाँ मुख्य मंदिर गंगाजी का है। सर्दियों में यह स्थान बर्फ से ढक जाता है। गंगोतरी से नीचे, केदार गंगा का संगम है, वहाँ से कुछ दूर एक विशाल गोल शिलाखंड पर बड़ी ऊँचाई से गंगा धारा गिरती है। इस स्थान को 'गौरीकुंड' कहते हैं। यहाँ से आगे चलकर देवप्रयाग में अलकनंदा मिलती है। गंगोतरी से आनेवाली गंगा की धारा 'भागीरथी' कहलाती है। उधर बदरीनाथ से आनेवाली अलकनंदा है। इन दो जलधाराओं के संगम के उपरांत इस सरिता को गंगा धारा का संबोधन मिलता है।

□

गंगावतरण की कथा

धरती पर पावन गंगा की जलधारा आने के संबंध में अनेक प्रकार की पौराणिक कथाएँ प्रचलित हैं। ऐसी अनेक कथानकों में अधिक प्रचलित कथा के अनुसार गंगा मूलत: ब्रह्मा के कमंडल में रहती थी और स्वर्ग लोक की जलधारा थी, किंतु कोई भूल की वजह से उसे पृथ्वी लोक पर जाने का शाप दिया गया। धरती पर सुंदर युवती रूप में विचरण करती गंगा को देखकर राजा शांतनु मोहित हो गए और विवाह का प्रस्ताव रखा। सुंदर युवती ने विवाह का प्रस्ताव स्वीकार करते हुए शर्त रखी कि राजा परिचय नहीं पूछेंगे और उसके किसी भी कार्य के लिए मना नहीं करेंगे। प्रेमातुर राजा ने शर्त मंजूर कर ली।

विवाह के उपरांत रानी ने प्रत्येक साल क्रमश: सात पुत्रों को जन्म दिया। रानी ने पैदा होते ही प्रत्येक पुत्र को जलधारा में प्रवाहित कर दिया। यह देखकर राजा शांतनु चकित तथा दुखित थे। आठवाँ पुत्र पैदा हुआ, उसे भी पूर्ववत् जलधारा में रानी ने डालना चाहा, राजा शांतनु से रहा नहीं गया और पूछा कि अपने पुत्र को क्यों डुबो रही हो और ऐसी निर्दयता करनेवाली वास्तव में तुम कौन हो ?

यह सुनकर रानी हँसकर बोली, "राजन् आपने शर्त तोड़ डाली है, मैं स्वर्गलोक की हूँ और वापस जा रही हूँ, हमारे सात पुत्र भी वासुबंधु थे, जिन्हें शापित होकर पृथ्वी पर जन्म ग्रहण करना पड़ा था और यह

आठवाँ पुत्र आपको अर्पण कर वापस जा रही हूँ। यह आठवाँ पुत्र ही बाद में महाभारत का महानायक बनेगा।"

गंगावतरण का दृश्य

गंगावतरण संबंधी दूसरी प्रचलित कथा राजा सगर से संबंधित है। प्राचीन परंपरा के अनुसार किसी राजा को चक्रवर्ती सम्राट् बनने के लिए अश्वमेध यज्ञ करना पड़ता था। अश्वमेध यज्ञ के लिए एक घोड़ा

(अश्व) छोड़ा जाता था। यह घोड़ा जहाँ-जहाँ जाता, वह भूमि राजा के अधीन हो जाती थी। यदि कोई उस घोड़े को रोक ले तो युद्ध के द्वारा उसे पराजित करने की परंपरा थी।

राजा सगर की अश्वमेध यज्ञ की योजना से इंद्र महाराज को शंका हो गई। उन्होंने विघ्न डालने के लिए उस अश्व को कपिल मुनि के आश्रम में छिपा दिया। राजा सगर के पुत्र सेना सहित वहाँ पहुँच गए। तपस्या में लीन मुनि कपिल कुपित हुए और कोप दृष्टि डालकर साठ हजार पुत्रों को भस्म कर दिया।

बाद में राजा सगर के पौत्रों ने तपस्या कर भस्म हुए पूर्वजों के लिए प्रार्थना की। अंततः पौत्र भागीरथ ने घोर तपस्या की। उन्हें वरदान मिला कि गंगा का जल मिलने पर ही उनके पूर्वजों को मुक्ति मिल सकती है। भगीरथ पुनः तपस्या में लीन हो गए, गंगा प्रकट हुईं तो राजा ने धरती पर पधारने के लिए उनसे विनय की। गंगा ने स्वीकृति दी, किंतु बोलीं कि उनके अविरल तीव्र प्रवाह को धरती पर सँभालेगा कौन? पूरी पृथ्वी जलमग्न हो जाएगी। तब भगीरथ ने महादेव शिव की आराधना की, अंततः शिव ने स्वीकृति प्रदान की और स्वर्ग से उतरी तीव्र धारा को अपनी जटाओं में समेट लिया। इस प्रकार गंगावतरण हुआ।

इसके उपरांत राजर्षि भगीरथ पावन गंगा की धारा को उस स्थान पर ले गए, जहाँ उनके पूर्वजों के अवशेष राख के ढेर के रूप में पड़े थे। रथ पर सवार भगीरथ तीव्र वेग से आगे बढ़ रहे थे और उनके पीछे गंगा की निर्मल धारा दौड़ रही थी। इस प्रकार सागर संगम पर पहुँचकर गंगा ने अपने पवित्र जल में डुबोकर उन्हें मोक्ष प्रदान किया। यह स्थल 'गंगासागर' नामक तीर्थ के रूप में प्रसिद्ध है। जो महानगर कोलकाता से आगे डायमंड हार्बर के पास स्थित है।

इस प्रकार राजा भगीरथ के प्रयास से गंगा की पवित्र धारा पृथ्वी पर आई, जिससे पृथ्वी लोक पर रहनेवाले कोटि-कोटि जीवधारियों को त्राण

मिला। पुराणों के अनुसार धरातल पर गंगावतरण वैशाख शुक्ल तृतीया को तथा हिमालय से इसकी जलधारा का निर्गमन ज्येष्ठ शुक्ल दशमी को हुआ। इस दिन 'गंगा दशहरा का' उत्सव मनाया जाता है। गंगा दशहरा के अवसर पर गंगा में स्नान का विशेष महत्त्व है। फलस्वरूप उस दिन गंगा तट पर पूजा-पाठ का आयोजन होता है और बड़ी संख्या में श्रद्धालु पहुँचते हैं।

गंगा का महत्त्व आध्यात्मिक और भौतिक दोनों प्रकार का है। गंगा में स्नान करना पुण्य कर्म माना जाता है, पुराणों के अनुसर गंगाजी के दर्शन मात्र से चित्त को परम शांति मिलती है। गंगा में स्नान करने और जलपान करने से मनुष्यों के अनेक पापों का क्षय हो जाता है।

□

गंगा की ऐतिहासिक महत्ता

नेहरू की वसीयत और गंगा

प्रथम प्रधानमंत्री पंडित नेहरू की राष्ट्र को सौंपी गई वसीयत, जो उन्होंने 21 जून, 1954 को लिखी थी और जिसे उनके निधन के बाद 3 जून, 1964 को प्रसारित किया गया, इस प्रकार है—

''मुझे मेरे देश की जनता ने, मेरे हिंदुस्तान के भाइयों और बहनों ने इतना प्रेम और इतनी मोहब्बत दी है कि मैं चाहे जितना कुछ करूँ, वह उसके एक छोटे से हिस्से का भी बदला नहीं हो सकता।

"बेशुमार दोस्तों और साथियों के मेरे ऊपर और भी ज्यादा एहसान हैं। हम बड़े-बड़े कामों में एक-दूसरे के साथ रहे, शरीक रहे, मिल-जुलकर काम किए। यह तो होता ही है कि जब बड़े काम किए जाते हैं, उनमें कामयाबी भी होती है, नाकामयाबी भी होती है, मगर हम सब शरीक रहे, कामयाबी की खुशियों में भी और नाकामयाबी के दुःख में भी। मैं चाहता हूँ और सच्चे दिल से चाहता हूँ कि मेरे मरने के बाद कोई धार्मिक रस्में अदा न की जाएँ। मैं ऐसी बातों को मानता नहीं हूँ और सिर्फ रस्म समझकर उसमें बँध जाना, धोखे में पड़ना मानता हूँ। मेरी इच्छा है कि जब मैं मर जाऊँ, तो मेरा दाह-संस्कार कर दिया जाए। अगर विदेश में मरूँ, तो मेरे शरीर को वहीं जला दिया जाए और मेरी

अस्थियाँ इलाहाबाद भेज दी जाएँ, उनमें से मुट्ठी भर गंगा में डाल दी जाएँ और उनके बड़े हिस्से के साथ क्या किया जाए, मैं आगे बता रहा हूँ। इनका कुछ भी हिस्सा किसी भी हाल में बचाकर न रखा जाए।

"गंगा में अस्थियों का कुछ हिस्सा डलवाने की इच्छा के पीछे, जहाँ तक मेरा ताल्लुक है, कोई धार्मिक खयाल नहीं है। इसके बारे में मेरी कोई धार्मिक भावना नहीं है। मुझे बचपन से गंगा और यमुना से लगाव रहा है और जैस-जैसे मैं बड़ा हुआ, यह लगाव बढ़ता रहा। मैंने मौसमों के बदलने के साथ-साथ इनमें बदलते हुए रंग और रूप को देखा है और कई बार मुझे उस इतिहास की, उन परंपराओं की, पौराणिक गाथाओं की, उन गीतों और कहानियों की, जो कि कई युगों से उनके साथ जुड़ गई हैं, उनके बहते हुए पानी में घुल-मिल गई हैं।

"गंगा तो विशेषकर भारत की नदी है, जनता की प्रिय है, जिससे लिपटी हुई हैं भारत की जातीय स्मृतियाँ, उनकी आशाएँ और उनके भय और उनके विजयगान, उनकी विजय और पराजय, गंगा तो भारत की प्राचीन सभ्यता की प्रतीक रही है, निशानी रही है, सदा बदलती, सदा बहती, फिर वही गंगा की गंगा। वह मुझे याद दिलाती है हिमालय की बर्फ से ढकी चोटियों की और गहरी घाटियों की, जिनसे मुझे मोहब्बत रही है, उसके नीचे उपजाऊ और दूर-दूर तक फैले मैदानों की, जहाँ काम करने में मेरी जिंदगी गुजर गई है। मैंने सुबह की रोशनी में गंगा को मुसकराते, उछलते-कूदते देखा है और शाम के साए में उदास, काली सी चादर ओढ़े हुए, भेद भरी जड़ों में सिमटी सी आहिस्ते बहती सुंदर धारा और बरसात में दौड़ती हुई समुद्र की तरह चौड़ा सीना लिये और संसार को बरबाद करने की शक्ति लिये हुए, यही गंगा मेरे लिए निशानी है भारत की प्राचीनता की, यादगार की जो बहती आई है वर्तमान तक और बहती चली जा रही है भविष्य के महासागर की ओर। भले ही मैंने

पुरानी परंपराओं, रीति और रस्मों को छोड़ दिया हो और मैं चाहता भी हूँ कि हिंदुस्तान इन सब जंजीरों को तोड़ दे, जिनमें वह जकड़ा है, जो उसको आगे बढ़ने से रोकती हैं और देश में रहनेवालों में फूट डालती हैं, जो बेशुमार लोगों को दबाए रखती हैं और जो शरीर और आत्मा के विकास को रोकती हैं।

"चाहे यह सब मैं चाहता हूँ, फिर भी मैं यह नहीं चाहता हूँ कि मैं अपने को इन पुरानी बातों से बिल्कुल अलग कर लूँ। मुझे फख्र है कि इस शानदार उत्तराधिकार का, इस विरासत का, जो हमारी रही है और मुझे यह भी अच्छी तरह से मालूम है कि मैं भी हम सबकी तरह, इस जंजीर की एक कड़ी हूँ, जो कि कभी नहीं और कहीं नहीं टूटी है और जिसका सिलसिला हिंदुस्तान के अतीत के इतिहास में प्रारंभ से चला आता है। यह सिलसिला मैं कभी नहीं तोड़ सकता, क्योंकि मैं उसकी बेहद कद्र करता हूँ और इससे मुझे प्रेरणा, हिम्मत और हौसला मिलता है। मेरी इस आकांक्षा की पुष्टि के लिए और भारत की संस्कृति को श्रद्धांजलि भेंट करने के लिए, मैं यह दरख्वास्त करता हूँ कि मेरी भस्म की एक मुट्ठी इलाहाबाद के पास गंगा में डाल दी जाए, जिससे कि वह उस महासागर में पहुँचे, जो हिंदुस्तान को घेरे हुए है।

"मेरी भस्म के बाकी हिस्से को क्या किया जाए? मैं चाहता हूँ कि इसे हवाई जहाज से ऊँचाई पर ले जाकर बिखेर दिया जाए, उन खेतों पर, जहाँ भारत के किसान मेहनत करते हैं, ताकि वह भारत की मिट्टी में मिल जाए और उसी का अंग बन जाए।"

गंगा : परंपरा और भारतीय आस्था

''हे पतितपावनी माँ गंगा, हे यमुना, हे गोदावरी, हे सरस्वती, हे नर्मदा, सिंधु और कावेरी, सब करो कृपा प्रकट, हो इस जल में, जिससे मैं कर सकूँ आत्मशुद्धि!'' इस प्रार्थना का सार यही है कि सभी नदियाँ

अमूल्य हैं और गंगा भारत की सभी नदियों और हर तरह के जल की मूल प्रर्त.क है।

आदि काल से ही गंगा भारत की आस्था, श्रद्धा और पूजा की, ईश्वरीय कृपा और दिव्य मंगलमयी कामना की नदी रही है।

पौराणिक विश्वास है कि स्वर्ग से उसकी उत्पत्ति तथा उसके जीवनदायी आत्मिक मुक्तिदायिनी जल के कारण भारत की जनता गंगा को देवी मानकर पूजती है। इस प्रकार गंगा भारत की सभी पौराणिक कथाओं, धार्मिक अनुष्ठानों और उत्सवों का अभिन्न अंग बन गई है।

पं. जवाहरलाल नेहरू के शब्दों में, **''गंगा की कहानी, उसकी उत्पत्ति से लेकर सागर में मिलने तक प्राचीनकाल से अर्वाचीन तक, भारत की सभ्यता और संस्कृति की कहानी है।''**

कुंभ मेला गंगा से संबद्ध संसार के विशालतम धार्मिक उत्सवों में से एक है। पौराणिक कथाओं के अनुसार जब सुर और असुरों ने मिलकर समुद्र का मंथन किया तो उसके तल से 13 बहुमूल्य रत्नों के अतिरिक्त अमृत कुंभ भी प्रकट हुआ था। चूँकि अमृत पीकर असुर सर्वशक्तिमान तथा अजेय हो जाते, इसलिए इंद्र का पुत्र जयंत अमृत कुंभ को लेकर भाग गया।

संयोगवश भागते समय अमृत की कुछ बूँदें हरिद्वार, प्रयाग, उज्जैन और नासिक नामक चार स्थानों पर गिर गईं। इस पावन गंगा की स्मृति में इन चारों पवित्र शहरों में बारी–बारी से हर तीन वर्ष बाद कुंभ मेले का उत्सव मनाया जाता है। जहाँ लाखों तीर्थयात्री पाप धोने, मोक्ष प्राप्त करने के लिए गंगा नदी में स्नान करते हैं।

अबुल फजल ने 'आईने–अकबरी' में लिखा है कि शहंशाह अकबर गंगाजल ही पीना पसंद करते थे। यह निश्चित करने के लिए शहंशाह को लगातार शुद्ध और ताजा गंगाजल मिलता रहे, एक अलग विभाग का गठन किया गया था। बाद में अकबर के उत्तराधिकारी

जहाँगीर, शाहजहाँ और औरंगजेब ने भी इसी परंपरा को जारी रखा। आज भी समस्त भारतवासी हरिद्वार से गंगाजल ले आते हैं।

प्राचीनकाल में गंगा का महत्त्व केवल धार्मिक ही नहीं था, अपितु उसकी भौगोलिक और राजनीतिक महत्ता भी थी। उस समय भारत की भौगोलिक स्थिति गंगा नदी को आधार मानकर निश्चित की जाती थी— गंगा के पश्चिम का भारत और गंगा के पूर्व का भारत!

□

महिमा गंगा और गंगाजल की!

आदिकाल से ही गंगा भारत की आस्था, श्रद्धा और पूजा की, ईश्वरीय कृपा और दिव्य मंगलमयी कामना की नदी रही है।

पौराणिक विश्वास है कि स्वर्ग से उसकी उत्पत्ति तथा उसके जीवनदायी आत्मिक मुक्तिदायी जल के कारण भारत की जनता गंगा को देवी मानकर पूजती है। इस प्रकार गंगा भारत की सभी पौराणिक कथाओं, धार्मिक अनुष्ठानों और उत्सवों का अभिन्न अंग बन गई है।

गंगा की विशेषताएँ

- गंगा की घाटी में देश की 37 प्रतिशत से अधिक जनसंख्या निवास करती है।
- गंगा देश की एक-तिहाई जनसंख्या की रोजी-रोटी का आधार है।
- गंगा घाटी से भारत के दस राज्यों में पानी की आवश्यकता पूरी होती है और इनके पानी का निकासी भी गंगा में होती है। ये राज्य हैं—हरियाणा, उत्तराखंड, उत्तर प्रदेश, बिहार, पंजाब, पश्चिम बंगाल, राजस्थान, मध्य प्रदेश, हिमाचल प्रदेश और दिल्ली।

- गंगा की घाटी में बड़े पैमाने पर खेती होती है। देश में कुल सिंचित भूमि का 47 प्रतिशत भाग गंगा घाटी में है।
- गंगा घाटी में विभिन्न प्रकार की फसलें उगाई जाती हैं, जैसे—धान, गेहूँ, गन्ना, कपास, जूट आदि।
- गंगा घाटी में प्रतिवर्ष होनेवाली कुल वर्षा की तीन चौथाई से अधिक बरसात जून से सितंबर तक के चार महीनों में होती है।
- प्राचीनकाल से ही गंगा देश के विभिन्न भागों के बीच परिवहन का प्रमुख साधन रही है। आज भी पटना और कोलकाता के मध्य दूसरे शहरों में इसकी धारा में नावें तथा बड़े-बड़े स्टीमर चलते हैं।

कुंभ मेला गंगा से संबद्ध विशालतम धार्मिक उत्सवों में से एक है। पौराणिक कथाओं के अनुसार, जब सुर और असुर ने मिलकर समुद्र का मंथन किया तो उसके महासंग्राम की स्मृति में गंगा तट पर मेले का आयोजन होता है।

गंगा : राष्ट्रीय नदी घोषित

भारत की पावन नदी गंगा में बढ़ते प्रदूषण से जनमानस ही नहीं, सरकार भी चिंतित है। इस समस्या को गंभीरता से लेते हुए भारत सरकार ने गंगा को राष्ट्रीय नदी घोषित किया है, साथ ही गंगा नदी बेसिन प्राधिकरण का गठन हुआ है।

पर्यावरणविद् श्री मेहता के अनुसार, "गंगा को राष्ट्रीय नदी घोषित करना सरकार का बहुत अच्छा कदम है। भारत के पर्यावरणविद् अरसे से यह माँग करते आए हैं कि गंगा को हेरिटेज नदी घोषित किया जाए। ऐसी कोई एक शुरुआत तो होनी चाहिए, हर नदी को जीने का अधिकार है। नदी का जीना पूरे पर्यावरण और मनुष्य के जीवन के लिए भी जरूरी है। नदी से छेड़छाड़ का अर्थ कि हम अपना जीवन नष्ट कर रहे हैं। गंगा

के साथ अब तक यही हुआ है। पहले उसमें ढेरों प्रदूषण मिलने दिए गए, फिर उसकी साफ-सफाई के नाम पर दिखावा हुआ। गंगा एक्शन प्लान के नाम पर हजारों करोड़ रुपए खर्च होने के बाद भी गंगा की हालत में कोई सुधार नहीं हुआ।

पवित्रता हमसे हमेशा कुछ जवाबदेही की माँग करती है। किसी चीज को हम पवित्र मानते हैं, तो उसके प्रति कुछ जिम्मेदारियाँ भी अंगीकार करते हैं। ऐसी उचित भावना देश की सबसे पवित्र नदी के प्रति इस कदर नदारद क्यों है, सोचकर आश्चर्य होता है। गंगा को राष्ट्रीय नदी घोषित किया जाना, एक महत्त्वपूर्ण कदम है, जो स्वागत योग्य है। इस संदर्भ में गंगा बाढ़ नियंत्रण आयोग के अध्यक्ष तथा केंद्रीय जल आयोग के पूर्व अध्यक्ष आर.सी.झा से विस्तृत चर्चा हुई है। निष्कर्ष के रूप में यह उल्लेखनीय है कि गंगा जलधारा को सुरक्षा प्रदान करने के लिए केंद्र तथा राज्य सरकारों के द्वारा किए गए प्रयासों में तेजी आई है। फिर भी समस्या का समाधान नहीं हो रहा है। वर्तमान परिस्थितियों में केवल सरकारी निकायों द्वारा ही नहीं, बल्कि स्वैच्छिक संस्थाओं से सक्रिय सहयोग लेकर जागरूकता पैदा करने की जरूरत है।

इस दिशा में गंगा को प्रदूषण से उबारने के लिए कई स्वयंसेवी संस्थाओं तथा व्यक्तियों ने पहल की है, जिनमें कानपुर के गंगा रक्षा मंच के नेता रामजी त्रिपाठी, इलाहाबाद में प्रो. एस.एस. ओझा और श्री राजीव अग्रवाल का नाम उल्लेखनीय है। ऐसा ही अभियान वाराणसी में वयोवृद्ध इंजीनियर मिश्राजी ने आरंभ किया है। गंगा की रक्षा के ये प्रयास अभिनंदनीय हैं।

केवल गंगा के किनारे बसनेवाले ही नहीं, अपितु देश-विदेश के लाखों श्रद्धालुजन जयगंगे का उद्घोष करते हुए गंगा नदी में स्नान-ध्यान करते हैं और मानते हैं कि गंगाजल पीने से सारी व्याधियाँ दूर होती हैं तथा मरणोपरांत मोक्ष की प्राप्ति होती है। इसी कारण भारतवासी गंगा को एक

निर्जीव धारा नहीं, बल्कि रोग-शोक हरण करनेवाली ममतामयी माँ गंगा का संबोधन देते हैं।

भारतीय जन आस्था का प्रतीक बनी गंगा की महिमा अनंतकाल से चली आ रही है। गंगा-दर्शन और गंगा स्नान की भावना भारतवासियों में, विशेषकर हिंदुओं में बहुत ही प्रबल है, श्रद्धालुओं की मान्यता है कि वाराणसी अथवा प्रयागराज में गंगा तट पर मृत्यु से उन्हें स्वर्ग की प्राप्ति होगी, यह विश्वास पूर्ववत् आज भी बना हुआ है।

आस्था का प्रतीक

गंगा पर ऐसी घोर आस्था, क्या अंधविश्वास है ? नहीं, क्योंकि अब अनेक प्रकार के वैज्ञानिक विशेषज्ञों द्वारा यह बात प्रमाणित हो चुकी है कि गंगाजल में कतिपय ऐसे अद्भुत गुण विद्यमान हैं, जो कि पवित्रता के साथ ही उसकी श्रेष्ठ गुणवत्ता को प्रमाणित करते हैं। यह तो सर्वविदित है कि गंगा का पानी महीनों तक रखे रहने के बाद भी शुद्ध बना रहता है, सड़ता नहीं है। वैज्ञानिकों के अनुसार पानी के सड़ने या दूषित होने की मुख्य वजह बैक्ट्रिया नामक जीवाणु है।

गंगा जल की गुणवत्ता तथा उसके रासायनिक विश्लेषण का कार्य देश-विदेश की प्रयोगशालाओं में चलता रहता है। इस दिशा में बेंगलुरु

में एक संस्था 'गंगाजोन' के संस्थापक डॉ. जय रामचंद्र का शोध कार्य कई नई दृष्टि देनेवाला है। उनके अनुसार गंगाजल में पवित्र रहने की क्षमता एक विशेष रसायन की वजह से है। प्रो. भार्गव द्वारा प्रस्तुत रहस्यमय एक्स फैक्टर का अध्ययन करने के उपरांत डॉ. रामचंद्र इस निष्कर्ष पर पहुँचे हैं, साथ ही डॉ. शुक्ला के बैक्ट्रियोफेज सिद्धांत से सहमति प्रदर्शित करते हुए इन्होंने स्थापित किया है कि इस बैक्ट्रियोफेज में ही वह अद्भुत क्षमता है, जिससे गंगाजल निर्मल बना रहता है। इस प्रकार महिमामयी गंगा भारतीय संस्कृति की प्रतीक ही नहीं, बल्कि कोटि-कोटि भारतवासियों के जीवन का अवलंब है। इसकी लहरों पर लोकगीत के गान गूँजते हैं, तो जलधाराएँ भारत भूमि में फैले खेत और बाग-बगीचों की सिंचाई करती हैं, किंतु बढ़ती हुई आबादी के कारण गंगाजल भी कलुषित होने लगा है और अब इसे भी उपचार की आवश्यकता है।

अंततोगत्वा यह प्रश्न जनमानस को उद्वेलित कर देता है—**गंगा कितनी निर्मल, कितनी अविरल?** इस संदर्भ में उल्लेखनीय है कि 7 जुलाई, 2014 में भारत सरकार द्वारा इस ज्वलंत प्रश्न पर उच्च स्तरीय संगोष्ठी 'गंगा मंथन' के नाम आयोजित की गई, जिसमें अनेक मंत्रियों, जन प्रतिनिधियों तथा विशेषज्ञों ने भाग लेकर महत्त्वपूर्ण विचारों को अभिव्यक्ति दी, लेकिन समस्या अब भी वहीं की वहीं है। आखिर कारण क्या है? गौर करने की बात है कि हमारे प्यारे भारतवर्ष में सिद्धांतों और उपदेशों की कमी नहीं है। कमी है इन्हें कार्यरूप में पारित करने की, जो कि वांछित रूप में पूरा नहीं हो पाता है। उल्लेखनीय है कि जलसंसाधन और विकास का विषय वर्तमान भारतीय संविधान के अनुसार राज्यों का विषय है। केंद्र सरकार अनुदान देकर सलाहकार की भूमिका अपनाती है।

ऐसी स्थिति में गंगा सफाई अभियान का हाल क्या होता है, किंतु गंगा प्रदूषण नियंत्रण अभियान के अंतर्गत राज्य सरकार के साथ भारत

सरकार की संस्था केंद्रीय प्रदूषण नियंत्रण बोर्ड भी सतर्क है। इस आधार पर उम्मीद की जाती है कि पवित्र नदी गंगा में हो रहे प्रदूषण पर यथाशीघ्र नियंत्रण संभव हो सकेगा।

दूसरी ओर स्थिति अत्यंत विडंबनापूर्ण लगती है। गौर करें, गंगा कार्य योजना 1985 में आरंभ हुई, इसे सन् 1990 तक पूरा होना था, इसे 2000 तक विस्तार दिया गया। पुनः इसे कई बार विस्तार देकर 2008 में इसकी प्रगति पर उच्चस्तरीय विचार किया गया, जिससे पता चला कि इस योजना की शुरुआत के बाद गंगा के प्रदूषण स्तर में कमी नहीं, बल्कि 28 प्रतिशत की वृद्धि हो गई है।

ऐसी प्रतिकूल परिस्थिति में सरकार ने इस मामले में गंभीरता से विचार किया तथा अंततोगत्वा समस्या के समुचित निवारण के लिए गंगा को राष्ट्रीय नदी घोषित किया गया है, साथ ही गंगा कार्ययोजना के चरण 2 के उपरांत भारत सरकार ने राष्ट्रीय नदी संरक्षण निदेशालय का गठन कर इस मामले में प्रभावी कार्यक्रमों की शुरुआत की है।

आखिर कारण क्या है? गौर करने की बात है कि हमारे प्यारे भारतवर्ष में सिद्धांतों-उपदेशों की कमी नहीं है, कमी है इन्हें कार्यरूप में परिणत करने की, जो कि वांछित रूप में पूरा नहीं हो पाता है। नदी विकास का विषय वर्तमान भारतीय संविधान के अनुसार राज्यों का विषय है। केंद्र सरकार अनुदान देकर सलाहकार की भूमिका अपनाती है। ऐसी स्थिति में गंगा की सफाई का अभियान का क्या हाल होता है, इस पर गंभीरता से विचार करने की आवश्यकता है।

रास्ता क्या है?

इस संदर्भ में कई स्तरों पर विचार-विमर्श होता रहा है। पावन गंगा में बढ़ता प्रदूषण और शिथिल होती जलधारा की विकट समस्या केवल सरकारी नियमों के द्वारा पारित प्रस्तावों से नियंत्रण में नहीं आएगी। इसके

लिए आवश्यक है कि इसे जनआंदोलन का स्वरूप दिया जाए। इसमें उन सबकी सहभागिता हो, जो गांगेय क्षेत्र के निवासी हैं और प्रत्यक्ष या अप्रत्यक्ष रूप में गंगाजल का उपयोग करते आ रहे हैं।

एक पंथ, दो काज

यह विदित तथ्य है कि 1985 में सरकार द्वारा आरंभ किए गए गंगा सफाई अभियान में करोड़ों रुपए के सरकारी धन का व्यय हुआ। इसके बाद भी गंगा तो साफ नहीं हो सकी, सरकारी धन तो अवश्य ही साफ हो गया।

पिछले कुछ वर्षों से गंगाजल और उसमें प्रदूषण की काफी चर्चा हो रही है। इस दौरान 2000 से 2007 तक सरकारी तथा गैर–सरकारी एजेंसियों ने गंगा नदी का सर्वेक्षण किया तथा इसके जल की गुणवत्ता की जाँच की। इसमें हरिद्वार निवासी प्रो. स्वरूप भार्गव तथा डॉ. बी.डी. जोशी का नाम उल्लेखनीय है।

प्रो. भार्गव ने आई.आई.टी.कानपुर में प्रो. जी.डी.अग्रवाल के अधीन गंगाजल पर अनुसंधान कार्य किया, बाद में रूड़की विश्वविद्यालय में जल विज्ञान के प्रोफेसर रहे। सेवानिवृत्त होने के बाद प्रो. भार्गव गंगा तट पर हरिद्वार में रहकर अपना लेखन तथा अनुसंधान का काम करते रहते हैं।

कानपुर में वाराणसी तक गंगा के प्रवाह पर प्रो. भार्गव ने अनुसंधान कार्य पूरा कर यह स्थापित करने का सफल प्रयास किया है कि गंगाजल में रासायनिक तत्त्व मौजूद हैं, जो प्रदूषित पदार्थों को नष्ट कर गंगाजल को निर्मल बनाए रखते हैं।

गंगा में प्राप्त इन रासायनिक तत्त्वों का नामकरण एक्स फैक्टर के रूप में किया गया है, जो कि गंगोतरी से गंगासागर तक ही जलधारा में मौजूद है।

जल में सड़न पैदा करनेवाला रसायन पैथोजेन भी माना गया है। प्रो.

भार्गव ने बहुत सरल तरीके से एक प्रयोग प्रस्तुत किया। कानपुर स्थित प्रयोगशाला में शीशे के दो पात्र (बीकर) लिये गए। दोनों में गंगाजल डालकर पैथोजेन रसायन मिला दिया गया। एक को उबाला गया, दूसरे को बिना उबाले तीन घंटे तक रखा गया। परिणाम अत्यंत आश्चर्यजनक रहा। गंगाजल के उबले हुए पात्र में पैथोजेन से सड़न पैदा हो रही थी, जबकि बिना उबले हुए गंगाजल में तीन घंटे के अंतराल में ही पैथोजेने जीवाणु समाप्त हो गए थे। ऐसे अनेक प्रयोगों पर आधारित प्रो. भार्गव के शोध कार्यों के विवरण संसार की प्रमुख पत्रिकाओं में प्रकाशित हुए हैं। इनकी प्रमाणित उपलब्धियों से पूर्ण पुस्तक 'नेचर ऐंड द गंगा' 2004 में प्रकाशित हो चुकी है।

नदी प्रदूषण क्या है ?

साधारण शब्दों में प्रदूषण पानी को किसी विशेष उपयोग के लिए उपयुक्त नहीं छोड़ता है। जब जल एकदम साफ होता है, जैसे कि देव प्रयाग में है, हम उसे सीधे नदी से ही पी सकते हैं, किंतु जब यह थोड़ा गंदला होता है और इसमें कूड़ा-करकट और दूसरी गंदगी मिल जाती है, तो हम न तो इसमें स्नान कर सकते हैं और न ही इसे पी सकते हैं।

प्रदूषण के मुख्य स्रोत

अनुमान है कि करोड़ों लीटर मैला जल प्रतिदिन गंगा में डाला जाता है, गंगा में प्रदूषण के मुख्य कारण हैं—

- कूड़ा-करकट, जो हम नदी के किनारे और कभी-कभी नदी के अंदर फेंकते हैं।
- उद्योगों से निकले रासायनिक पदार्थ और दूषित जल।
- खेत से बहकर आए, रोगनाशकों और कीटनाशकों के हानिकारक अवशेष, शव इत्यादि।
- नदी किनारे त्यागा गया मल-मूत्र और अन्य अवशिष्ट।

इनके अलावा भी कारण तो अनगिनत हैं, परंतु प्रदूषण के ये सभी कारण आकस्मिक नहीं हैं, भले ही हम जान-बूझकर गंगा को प्रदूषित करना न चाहते हों, फिर भी अज्ञानतावश ऐसा कर बैठते हैं।

पावन गंगा को सर्वाधिक प्रदूषित करनेवाले इसके प्रवाह पथ में दो स्थलों की पहचान की गई है। गोमुख से लेकर गंगासागर तक गंगा के प्रवाह पथ का सर्वेक्षण कर प्रदूषण-स्थलों की पहचान की गई है। इस रिपोर्ट में कानपुर तथा इलाहाबाद नगरों के निकट गंगाधारा में सर्वाधिक प्रदूषण की स्थिति पाई गई है।

बढ़ता प्रदूषण

कानपुर महानगर के निकट गंगाधारा की स्थिति अत्यंत चिंताजनक है, क्योंकि यहाँ नगर सीवेज का गंदा पानी, कारखानों का अपशिष्ट पदार्थ तथा विषाक्त रासायनिक तत्त्वों की अवांछित अपार राशि गंगा में उड़ेली जाती है। यहाँ गंगा में बढ़ते प्रदूषण के लिए चमड़ा उद्योग भी उत्तरदायी है। कानपुर में चमड़े के करीब 155 छोटे-बड़े कारखाने हैं, जिनमें रासायनिक प्रक्रिया से कच्चे चमड़ों की धुलाई और रँगाई की जाती है। इसका अपशिष्ट पदार्थ गंगा की गोद में फेंका जाता रहा है।

चिंताजनक स्थिति यह है कि सरकार तथा न्यायालयों द्वारा रोक लगाए जाने पर भी स्थिति नियंत्रण में नहीं आ सकी है।

इलाहाबाद गंगा-यमुना-सरस्वती नदियों के संगम पर स्थित है। इस नगर को 'तीर्थराज प्रयाग' का महत्त्वपूर्ण संबोधन दिया गया है, किंतु यह घोर आश्चर्य की बात है कि पूज्य स्थलों के रूप में प्रसिद्ध यहाँ के त्रिवेणी संगम स्थान पर गंगाजल में प्रदूषण की मात्रा अधिक पाई गई है।

इलाहाबाद नगर के अलावा यहाँ स्थित अनेक छोटे-बड़े कारखाने का अपशिष्ट भी यमुना में आकर गंगा में मिलता रहा है। संगम नगर इलाहाबाद में गंगा में प्रदूषण अधिक होने का एक अन्य कारण संगम पर लगनेवाले धार्मिक मेले हैं, विशेषकर कुंभ मेले के दौरान यहाँ भयंकर प्रदूषण की स्थिति आ जाती है। ऐसी स्थिति को नियंत्रित करने के लिए स्थानीय निकायों तथा सरकार को प्रभावी कदम उठाने की अनिवार्य आवश्यकता है। तभी पावन गंगा की निर्मलता को बनाए रखना संभव हो सकेगा।

गंगा कार्य योजना

दिसंबर 1984 में पर्यावरण विभाग ने स्वीकृत रिपोर्ट के आधार पर गंगा के प्रदूषण की समस्या से निपटने के लिए एक कार्य योजना तैयार की। इस योजना में नदी के किनारे बसे प्रथम श्रेणी के 27 शहरों में घरेलू गंदगी को गंगा के बजाय किसी और स्थान पर इकट्ठा करने और उसे साफ करने की व्यवस्था की गई। 5 फरवरी, 1985 को प्रधानमंत्री श्री राजीव गांधी ने राष्ट्र को संबोधित करते हुए यह घोषणा की, "गंगा भारत की प्रतीक है, हमारी पौराणिक कथाओं व कविताओं का स्रोत है तथा लाखों लोगों की पोषक है। आज यह सर्वाधिक प्रदूषित नदियों में से एक है। हम गंगा की प्राचीन पवित्रता को फिर से कायम करेंगे?"

इस घोषणा के एक माह के भीतर ही केंद्रीय गंगा प्राधिकरण का गठन हो गया। जून 1985 में पर्यावरण विभाग में इस कार्यक्रम

के संचालन के लिए एक अलग से अनुभाग बना दिया गया। सातवीं पंचवर्षीय योजना में इस कार्य के लिए 240 करोड़ रुपए का प्रावधान किया गया। फिर 2001 में कार्यक्रम की विभिन्न योजनाओं को पूरा करने के वास्ते 663 करोड़ की राशि योजना चरण-2 के लिए दी गई थी।

गंगा कितनी निर्मल, कितनी अविरल ?

अब ऐसी स्थिति में, 'गंगा कितनी निर्मल, कितनी अविरल' पर नए सिर से विचार करके उसे कार्य रूप में परिणत करने की आवश्यकता है। इसके लिए जरूरी है कि उन करोड़ों लोगों को साथ लें, जो गंगा से व्यावहारिक रूप में जुड़े हैं, जिनकी भूसंपदा को गंगा सींचती है, जिनकी आजीविका गंगा पर निर्भर है। वे भक्त लोग भी शामिल हों, जो भक्तिभाव से गंगा की पूजा-अर्चना करते हैं, किंतु अज्ञानतावश प्रदूषित भी करते हैं। ऐसे प्रभावी कार्य ग्रामसभाओं, पंचायतों को साथ लेकर भारतीय लोक प्रशासन संस्थान के समन्वय से भी कराए जा सकते हैं।

गांगेय क्षेत्र में तीर्थस्थलों और ग्रामीण अंचलों में गंगा धारा में दर्शन, मज्जन, पान के अलावा शौच की भी पुरानी आदत है। इस अवांछित परंपरा में बदलाव की बहुत जरूरत है। इसमें यथोचित सुधार के लिए नदी तट पर बने स्नान-घाट से अलग हटकर स्नानघर तथा शौच स्थल बनाए जाएँ, जहाँ नदी जल (गंगाजलों) को पाइप द्वारा उपलब्ध कराया जाए।

इसके साथ ही यह भी ध्यान देने की बात है कि गंगा सफाई का काम केवल गंगा धारा को साफ कर नियंत्रित करने से नहीं होगा, बल्कि गंगा की सफाई के लिए इसकी सहायिकाओं में प्रदूषण नियंत्रण करना अनिवार्य आवश्यकता है, क्योंकि राजधानी दिल्ली से होकर प्रवाहित होनेवाली यमुना की धारा भी दूषित होती रहती है। अतः ऐसे प्रभावी उपायों से ही पावन गंगा की धारा को निर्मल तथा अविरल बनाए रखा जा सकता है।

यह सुखद संयोग है कि इस महत्त्वपूर्ण कार्य के लिए भारत सरकार

भी सचेत होकर सक्रिय हो गई है। गंगा नदी संरक्षण विभाग ने सचिवों के समूह का गठन करके मार्गदर्शन के लिए रोडमैप तैयार किया है। पूरे विश्व की दृष्टि हमारी ओर है कि हम किस प्रकार गंगा को अविरल और निर्मल बनाने के महान् कार्य को पूरा कर रहे हैं। अब हम भारतवासियों का यह पुनीत कर्तव्य है कि गोमुख से गंगासागर तक गंगा धारा को अविरल और निर्मल बनाए रखने का सफल प्रयास करें।

अंततः इस कथन को सत्य प्रमाणित करना है, गोस्वामी तुलसीदास के शब्दों में—

'समरथ को नहिं दोष गुसाईं,
रवि, पावक सुरसरि की नाईं।'

□

गंगायात्रा
गंगोतरी से गंगासागर

लक्ष्मणझूला से कर्णवास

वर्तमान समय में रेल, हवाई जहाज, सड़क आदि की सुविधाओं के कारण जहाँ मनुष्य को अपने निश्चित स्थान पर पहुँच जाने की अपूर्व सुविधा हो गई है, वहीं मनुष्य को मार्ग के सब स्थानों का सूक्ष्म रूप से दर्शन और ज्ञान प्राप्त करने का अवकाश भी नहीं रहा है। रेल तेजी से मनुष्य को ले जाकर निश्चित स्थान पर पटक देती है। पहाड़ी स्थानों पर अनेक कठिनाइयों के कारण इन साधनों का कुछ अभाव सा है। इस कारण से यात्री ऋषिकेश से उत्तराखंड प्रवेश करते समय पैदल या कंडी-झप्पान आदि के द्वारा ही यात्रा करते हैं। इसी कारण से इस प्रदेश के मार्गवर्ती स्थानों का वर्णन कुछ ही यात्रियों ने प्रकाशित किया है। हरिद्वार से दक्षिण में गंगाजी मैदान में प्रवेश करती हैं। यहाँ से गंगासागर तक की यात्रा के क्रमबद्ध विवरण कहीं भी उपलब्ध नहीं हैं। फिर भी यहाँ गंगायात्रा का विवरण प्रस्तुत करने का प्रयास किया गया है—

यहाँ कुछ सज्जन कहेंगे कि रेल आदि से हम जिस स्थान पर जाना चाहें, जा सकते हैं; किंतु अनुभव से ज्ञात होता है कि सुविधा मिल जाने पर मनुष्य का यात्रा क्षेत्र कुछ संकुचित हो जाता है। आजकल हवाई

जहाज का मार्ग स्थापित हो जाने के कारण लोग केवल बदरीनाथ और केदारनाथ का दर्शन करके ही अपने को धन्य मानते हैं, जिससे मार्ग के अन्य स्थानों की उपेक्षा होने लगी है। इन सज्जनों को पर्वत यात्रा का भी कोई विशेष आनंद प्राप्त नहीं होता है।

गंगा का तेज प्रवाह

यह लज्जा की बात है कि विदेशी लोग तो विलायत से आकर हमारे देश के दुर्गम-से-दुर्गम स्थानों की यात्रा करें और उनका विशद वर्णन अपने देश की पत्र-पत्रिकाओं में प्रकाशित करें और हम लोग अपने उन चिर-परिचित स्थानों की उपेक्षा करते जाएँ, जिनकी कीर्ति को हमारे पूर्वज सहस्रों वर्षों से जीवित किए हुए हैं। श्री गंगाजी को ही लीजिए, यह भारत की सबसे पवित्र पुण्यसलिला नदी है। इसके तट पर सबसे प्रथम हमारी सभ्यता का विकास हुआ है। इसी की घाटी आज भी

भारत का उद्यान समझी जाती है। इस देश के मुख्य स्थान और सैकड़ों तीर्थ इसके तट पर स्थित हैं। इसका मार्ग दुर्गम नहीं है, किंतु कितने ऐसे भारत के लाल हैं, जिन्होंने इसकी संपूर्ण यात्रा की हो। उस यात्रा का पूरा विवरण लिखना तो दूर रहा, सौ–दो–सौ मील का पूरा विवरण लिखनेवाले भी नजर नहीं आते!

उत्तराखंड की यात्रा लोगों ने की है और इसके कई वर्णन भी हिंदी में प्रकाशित हो चुके हैं। इसलिए उस वर्णन को न दोहराकर, यहाँ केवल लक्ष्मण–झूला से दक्षिण का ही वर्णन करते हैं। रेलवे के ऋषिकेश स्टेशन से तीन मील की दूरी पर लक्ष्मण–झूला नामक स्थान है। यहाँ पर लक्ष्मणजी का मंदिर है और उन्हीं के नाम से यह प्रसिद्ध झूला है, जिस पर से लोग भागीरथी को पार करते हैं। यह झूला तार के रस्सों पर बना हुआ है और पुल 500 फीट लंबा है, गंगाजी के दोनों ओर बस्ती है, यात्रियों को ठहरने के लिए धर्मशालाएँ हैं। पोस्ट ऑफिस भी है। यहाँ से थोड़ी दूर पर सत्यसेवाश्रम, स्वर्गाश्रम नामक स्थान हैं। यह स्थान अत्यंत रमणीय है। झूले के दोनों ओर बाबा काली कमलीवाले की धर्मशालाएँ हैं। सदावर्त भी बँटता है। यहाँ गंगा का घाट चौड़ा तो नहीं है, किंतु गहरा अवश्य है।

यहाँ से दो मील की दूरी पर मुनि की रेती है। ऋषिकेश हरिद्वार से चौदह मील है। ऋषिकेश प्राचीन ऋषि–मुनियों की तपोभूमि है। गंगा के दाहिने तट पर श्रीराम–जानकी का मंदिर है। मंदिर के आगे गंगा की ओर कुंजामृत नामक कुंड है। ऋषिकेश के उत्तर भाग में भरतजी का शिखरदार एक प्रसिद्ध मंदिर है। यहाँ पर श्रीशंकराचार्यजी की गद्दी भी है।

हरिद्वार हिंदुओं की मुख्य सात पुरियों में से है। गंगाजी की शोभा को देखने का सौभाग्य सबसे प्रथम यहाँ प्राप्त होता है। हरिद्वार में अनेक धर्मशालाएँ हैं, कुछ में यात्रियों के भोजन का भी प्रबंध है।

हरिद्वार में स्नान का माहात्म्य है। यहाँ देवदर्शन का भी बड़ा पुण्य है। पिंडदान, तर्पण भी किया जाता है। हरि की पौड़ी में अस्थियाँ भी प्रवाहित की जाती हैं।

गंगाजी की धारा के बीच में मनसा देवी का मंदिर है। मंदिर की प्रदक्षिणा लोग जल में ही करते हैं। ब्रह्मकुंड पर ब्रह्माजी ने यज्ञ किया है। यहीं पर श्रीगंगाजी का मंदिर है, यहाँ सायं-प्रातः आरती होती है। रात को बहुत से नर-नारी पत्ते के दोनों में दीपक जलाकर गंगाजी की धारा में छोड़ते हैं, उस समय गंगा का दृश्य बहुत सुंदर दिखाई देता है। संध्या में गंगा आरती का कार्यक्रम दर्शनीय है।

गंगा की दूसरी तरफ सामने ही नील पर्वत है, इसके नीचे नीलधारा बहती है। हरिद्वार से श्रीगंगाजी की प्रधान नहर आरंभ होती है, गरमी के दिनों में श्रीगंगाजी का अधिकांश जल इसी नहर में छोड़ा जाता है। थोड़ा सा जल नीलधारा में आता है, असल में नीलधारा ही गंगा की प्रधान धारा है। इसके समीप ही अंजनादेवी का छोटा सा मंदिर है।

यहाँ से दो मील की दूरी पर गंगा के दाहिने किनारे बसा हुआ कनखल तीर्थ है। यह छोटा कस्बा है, किंतु हरिद्वार की अपेक्षा बड़ा है। यहाँ पर पक्के घाट बने हुए हैं। संन्यासियों, वैरागियों के मठ और अखाड़े बहुत हैं, बाजार बड़ा और सुंदर है; किंतु यहाँ हरिद्वार की तरह रौनक नहीं है।

कनखल में लंटौरवाली रानी की छत्री और घाट दर्शनीय हैं। कनखल एक अति प्राचीन स्थान है। इस स्थल पर सनत्कुमार ने तप किया था, जिसमें सती ने अपना शरीर भस्म कर दिया था। दक्ष प्रजापति का मंदिर अब भी विद्यमान है। मंदिर में वीरभद्र और भद्रकाली की छोटी-छोटी मूर्तियाँ हैं और सामने सतीकुंड है; कुंड से लोग विभूति लेकर मस्तक पर लगाते हैं। मंदिर और कुंड के मध्य में नंदी की मूर्ति है। दालान में हनुमानजी की मूर्ति है।

हरिद्वार में चार मील की दूरी पर कांगडी मिलता है। वह गंगा के बाएँ तट पर स्थित है। इसके निकट ही नीचे की ओर आर्यसमाजियों का सबसे बड़ा गुरुकुल का भव्य परिसर है। गुरुकुल विश्वविद्यालय की इमारतें हरिद्वार से थोड़ी दूर श्रीगंगाजी की नहर के किनारे बनाई गई हैं। भारत की राष्ट्रीय संस्थाओं में इस संस्था का मुख्य स्थान है। इसमें ब्रह्मचारियों को प्राचीन समय के गुरुकुलों की भाँति शिक्षा देने का प्रबंध किया गया है।

मंडावर श्रीगंगाजी से करीब छह-सात मील दूरी पर दक्षिण किनारे पर है। इसके सामने गंगाजी के उत्तर तट पर शुक्रताल है। यह वही स्थान है, जहाँ परीक्षित शाप के बाद गंगा तट पर चले गए थे और श्री शुक देवीजी ने उनको सात दिन के अंदर श्रीमद्भागवत सुनाई थी। उस स्थान पर एक पचास-साठ फीट ऊँचा टीला है।

शुक्रताल से करीब चार मील पर मतवाली घाट है, जहाँ से मुजफ्फरनगर की सड़क गई है। मतवाली घाट के दूसरी तरफ श्रीगंगाजी के दक्षिणी तट पर रावली घाट है। बीच में नावों का पुल प्रतिवर्ष बनाया जाता है। रावली घाट से पक्की सड़क बिजनौर को गई है। बिजनौर गंगा के दक्षिण किनारे से तीन मील पर स्थित है। यह बीजनगर या विजयनगर का अपभ्रंश है। यहाँ जाटों का आधिपत्य रहा है। यहाँ कई मंदिर और कई सरकारी सराय हैं। यहाँ से साधुपुरा होती हुई गंगा तट पर पक्की सड़क बनी हुई है। वहाँ नावों का पुल है तथा सिंचाई के लिए जल अवरोधक है।

दारा नगर आठ मील नीचे गंगा तट पर ही बसा हुआ है। यहाँ गंगा स्नान के कई मेले लगते हैं। इनमें प्रधान कार्तिक मास की पूर्णिमा होती है, दारा नगर में विधुर कुटी है। महाभारत के समय पांडवों की स्त्रियाँ यहाँ पहुँचा दी गई थीं। इसी से इसका ऐसा नाम है। यहाँ विदुरजी की पादुकाएँ हैं। गंज में काली का मंदिर है और पक्का घाट बना हुआ है,

यहाँ कार्तिक शुक्ल सप्तमी और अष्टमी को गंगाजी की रेती में बड़ा मेला लगता है।

दारा नगर से दो मील दक्षिण में जहानाबाद है, जिसका पुराना नाम गोवर्धन नगर था, किंतु शुजाजात खाँ ने इसका नाम जहाँगीर बादशाही की याद में जहानाबाद कर दिया। यहाँ से कुछ मील नीचे छोइया नदी आकर गंगा से मिलती है। यहाँ धिनवारपुर से गंगा पार करने के लिए नाव मिलती है।

नीचे के प्रदेशों में गंगा का दाहिना तट तो स्पष्ट है, किंतु बाएँ तट का कुछ भी ठिकाना नहीं है। धारा काफी स्थिर है, किंतु कुछ स्थानों पर कट रही है। गढ़मुक्तेश्वर नाम मुक्तेश्वर महादेव के नाम पर पड़ा है, जिसका विशाल मंदिर गंगाजी से करीब एक मील की दूरी पर है। मंदिर के अंदर ही नृगकूप है, जिसमें स्नान करने का बड़ा महत्त्व है, मंदिर के पास ही वन में झारखंडेश्वर महादेव का प्राचीन लिंग है, इसके अतिरिक्त गंगेश्वर, भूतेश्वर और आशुतोषेश्वरी की भी मूर्तियाँ प्राचीन हैं। यहाँ पर लगभग 80 सती स्तंभ हैं, किंतु अब वे भग्नवस्था में हैं। गंगाजी का सबसे पुराना सीढ़ियों वाला मंदिर है। यह झज्जर जिला रोहतक के नवाब और कायस्थ दीवान के उद्योग से बना है। कार्तिक पूर्णिमा को यहाँ बड़ा मेला लगता है। गढ़मुक्तेश्वर से आठ मील दक्षिण में गंगा की दाहिनी ओर पूठ स्थित है। यहाँ सोमवती को बड़ा मेला लगता है। रघुनाथजी, राधाकृष्ण तथा महाकालेश्वर के मंदिर गंगा तट पर ही हैं। कहा जाता है कि हस्तिनापुर के राजाओं का उद्यान यहीं था। इसका नाम भी पुष्पवती था। नामों में रूपांतर मुसलमानों के कारण हुआ है।

यहाँ से 15 मील चलने पर अनूप शहर का प्रसिद्ध नगर गंगा के दाएँ तट पर मिलता है। नगर के आरंभ ही में नर्मदेश्वर महादेव का प्राचीन मंदिर है। कार्तिक पूर्णिमा को यहाँ बड़ा मेला लगता है। अनूपशहर से आठ मील दक्षिण में कर्णवास क्षेत्र है।

कर्णवास से कानपुर

कर्णवास श्रीगंगाजी के दाहिने तट पर है। यह एक प्राचीन पुण्य तीर्थ है तथा सदैव से ब्रह्मज्ञानियों का निवास स्थान रहा है। भगवान् बुद्ध ने यहाँ तप किया था और वह रमणीय स्थान कर्णवास के समीप ही एक सघन झाड़ी नामक वन में बूधौ के नाम से प्रसिद्ध है। साधु-महात्माओं के रहने के लिए यह बड़ा ही दिव्य स्थान है। इस वन में ऐसे वृक्ष हैं कि छोटी-मोटी वर्षा होने का प्रभाव उनके नीचे तक नहीं पहुँचता है। बाबा विद्याधर यहीं हुए हैं, जिनके चमत्कार से प्रभावित होकर शाहजहाँ बादशाह ने उन्हें खुदाई आदमी माना और बहुत कुछ देकर साथ दिल्ली चलने का हठ किया, किंतु बाबा ने मंजूर नहीं किया। यहाँ पर अन्य कई प्रसिद्ध महात्मा हुए हैं, इनमें परमहंस, मस्तराम, दीनबंधु, मौजानंद विशेष उल्लेखनीय हैं। आर्यसमाज के प्रवर्तक स्वामी दयानंद सरस्वतीजी ने जलवायु योगानुकूल देख तथा ठहरे हुए साधुओं में पूर्णानंद और मौजबाबा की पूर्ण योग क्रिया से प्रसन्न होकर यहीं तीन वर्ष योगाभ्यास किया। कर्णवास का पुराना नाम भृगक्षेत्र है। यह भृगुजी का स्थान है। शुंभ-निशुंभ को युद्ध में मारकर श्रीदुर्गाजी ने यहीं विश्राम किया था और इसे अपना स्थान बनाया था। वही देवीजी आज सबका कल्याण करने के कारण कल्याणदेवी के नाम से प्रसिद्ध हैं, उनके मंदिर पर हमेशा भीड़ लगी रहती है। दोनों नवरात्रों पर बड़ा मेला लगता है। यहाँ बत्तीस सौ वर्ष पुरानी मूर्तियाँ खोदने पर प्राप्त हुई हैं। कहते हैं कि राजा कर्ण का शिशु शरीर गंगाजी से यहीं निकाला गया था और यहीं उन्होंने तप भी किया था। इसी से भृगुजी ने आशीर्वाद दिया था कि इस स्थान का नाम कर्णवास होगा।

यहाँ तीन मील नीचे गंगाजी के दाहिने किनारे पर सुप्रसिद्ध नरवर पाठशाला है। यह एक बड़े ही रमणीय स्थान पर स्थित है। यहाँ बड़े अच्छे महात्मा और विद्वान् रहते आए हैं। यहाँ से एक मील पर नरोरा

नामक नगर है। गंगाजी की दूसरी नहर यहीं से निकली है। नहर के लिए गंगा में एक बड़ा बाँध बना हुआ है। धारा को स्थिर रखने के लिए भी बाँध बाँधे गए हैं। यहाँ विशाल पावर हाउस है।

चार मील नीचे दाहिने तट पर सुप्रसिद्ध रामघाट है। यहाँ श्री वनखंडेश्वर महादेव का बड़ा प्राचीन मंदिर है। श्रीगंगाजी, हनुमानजी, नृसिंहजी, बिहारीजी और रघुनाथजी के भी मंदिर दर्शनीय हैं। कार्तिक पूर्णिमा को यहाँ समस्त भारत से यात्री आते हैं। नरोरा पर बाँध बँधने के पूर्व बनारस और मिर्जापुर से खूब व्यापार होता था, किंतु अब वह बंद हो गया है।

इसके उपरांत दूसरा प्रसिद्ध घाट कचला मिलता है। कहते हैं कच्छप अवतार यहीं हुआ था। गंगा दशहरा को यहाँ बड़ा मेला लगता है। यहाँ एक नाव का पुल है। एक रेल का भी है, यह स्थान खड़िया मिट्टी के व्यवसाय के लिए प्रसिद्ध है।

कचला से कुछ दूरी पर गंगा के बाएँ तट से तीन मील पर ककोड़ा नामक स्थान है। कार्तिक पूर्णिमा को यहाँ एक मेला लगता है, जो करीब सात–आठ दिन तक रहता है। इस मेले में हाथी, ऊँट, घोड़े, बैल और घोड़ेगाड़ियाँ, बैलगाड़ियाँ बिक्री के लिए आती हैं।

इसके निकट ही कारदचौक नामक कस्बा है, जिसे नवाबकादर जंग ने बसाया था और एक कच्चा किला भी बनवाया था, किंतु अब ऊँचे–ऊँचे टीले ही उसकी याद दिलाते हैं। यहाँ से गंगा तट तक कच्ची सड़क गई है। वहाँ जाने के लिए नावें मिलती है। उस पार कादिरगंज बसा हुआ है। इसे भी नवाब ने बसाया था।

यहाँ से आगे शाहजहाँपुर जिले में शहर से तीस मील दक्षिण ढाही नामक पुराना कस्बा एक ऊँचे टीले पर आबाद है। इस टीले को खोदने पर सुगंधित भस्म मिलती है, जिससे मालूम होता है कि प्राचीन समय में यहाँ कई यज्ञ हुए होंगे। गंगाजी की धारा यहाँ से पाँच मील दूर है। ढाही

और गंगा के बीच में मौजा भरतपुर है। इसमें वानप्रस्था श्रीमती अन्नपूर्णा देवी का स्थान है। यहाँ पर कई साधु निवास करते हैं।

ढाही घाट से 12 मील पर फर्रुखाबाद है। यहाँ पर विश्रांतियाँ (पक्के घाट) बनी हुई हैं, जिसमें शाहजी की विश्रांति विशेषतया दर्शनीय है। इसके जोड़ की विश्रांतियाँ कदाचित् भारत भर में और कहीं नहीं हैं। घाट पर गंगा मंदिर और महाकालेश्वर मंदिर बने हुए हैं। थोड़ी दूर चलकर तारकेश्वर मंदिर और उनके नादिया का स्थान दर्शनीय है, यहाँ महादेव, बड़पुर की देवी, मठिया की देवी और मिट्टकूँचा के हनुमानजी का मंदिर प्रसिद्ध है। फर्रुखाबाद जिले का केंद्र फतेहगढ़ है, जो यहाँ से तीन मील दक्षिण, गंगाजी के एक किनारे पर स्थित है। इसी के दक्षिण में बागर नाला आकर गंगा से मिला है। फतेहगढ़ में धूमघाट पर पांडवों का वनवास हुआ है। इस नगर में गरैयाघाट, गर्गमुनिका प्रसिद्ध स्थान हैं। यहाँ से पक्की सड़क छह मील पर रजीपुर तक जाती है, जहाँ से श्रृंगीरामपुर केवल दो मील रह जाता है और वहाँ के लिए कच्ची सड़कें भी हैं।

पुराणों में श्रृंगीरामपुर की कथा इस प्रकार है, महर्षि अंगीरस पुत्र श्रृंगी (सींग) धारण किए हुए थे। उन्होंने बालकपन में राजा परीक्षित को शाप दिया और सब हाल अपने पिता से कह सुनाया। अंगीरस बोले कि हे पुत्र! इसलिए तू तप कर। उन्होंने इसे स्वीकार करते हुए प्रणाम किया और तप का स्थान पूछा। अंगीरस बोले कि तू तीर्थ भ्रमण कर और जहाँ पर तेरे श्रृंग का पतन हो, वहीं निवास करके तप कर।

इसके बाद श्रृंगी ऋषि ने श्रीगंगाजी के किनारे-किनारे यहाँ आकर स्नान किया, जिससे उनके सिर का सींग गिर गया और मुनि तपस्या में संलग्न हो गए। इसके प्रभाव से सब देवता वहाँ आए और उन्हें वरदान दिया। उनकी आज्ञा से श्रृंग ऋषि ने बैकुंठ तुल्य एक नगर बनाया। यही श्रृंगीरामपुर प्रसिद्ध है।

यहाँ से 15 मील पर कन्नौज का राजघाट है, जहाँ से एक कोस उत्तर की ओर कन्नौज नगर है। यहाँ का घाट कच्चा है, धारा बदलती है और रास्ते में लाखन के किले का खँडहर है। रास्ते में गौरी शंकर महादेव का मंदिर है। अजयपाल का मंदिर नगर में ही है। फूलमती देवी का मंदिर शहर में ही है। यहाँ चैत्र और क्वार में नवदुर्गा का बड़ा मेला लगता है। कन्नौज के आस-पास सुंदर बगीचे हैं। यहीं से भारत के भिन्न-भिन्न भागों में इत्र भेजा जाता है। कन्नौज से सात कोस गंगाजी के उत्तर तट पर कानपुर जिले में नानामऊ स्थान है। यहाँ कार्तिक पूर्णिमा को बड़ा मेला लगता है।

यहाँ से पाँच मील पर सरैयाँ का पक्का घाट है। यहाँ तीन पक्के घाट बने हुए हैं। यहाँ नीलकंठेश्वर महादेव का दर्शनीय मंदिर है। एक मील आगे जाने पर वीरेश्वर महादेव का प्रसिद्ध मंदिर मिलता है। जंगल की ओर अश्वत्थामा और दूधेश्वर के प्राचीन मंदिर हैं। सरैयाँ से चार मील पर वरुआ नामक स्थान है। यहाँ कई संन्यासी रहते हैं।

बिठूर में ब्रह्मवर्त की खूँटी, सीताकुंड, सीतारसोई और मीनार, स्वामी आत्मानंद का मंदिर, श्रीरामचंद्रजी का मंदिर, राजा ध्रुव का किला दर्शनीय हैं। उस पार परियर नामक ग्राम है, जिसके निकट ही महुआ नामक सुंदर जलाशय है, कार्तिक पूर्णिमा को यहाँ बड़ा मेला लगता है, जिसमें लगभग एक लाख लोग आते हैं।

कानपुर से प्रयागराज

कानपुर के महत्त्व का कारण यहाँ का व्यापार है। मंदिर यहाँ बहुत हैं, जिनमें से कुछ तो बहुत सुंदर हैं, किंतु उनका महत्त्व तो स्थानीय ही है, कुछ का वर्णन यहाँ दिया जाता है।

काँच का मंदिर—यह माहेश्वरीमहल में स्थित है। कानपुर का यह सबसे सुंदर मंदिर है, यह जैनियों का स्थान है। मूर्ति की आँखें असली

हीरे की हैं। शीशों पर बड़े चित्र हैं और सब दीवारों पर अनेक प्रकार के शीशे जड़े हुए हैं, यदि इसके अंदर एक स्थान पर खड़ा होकर मनुष्य देखे, तो उसे अपने चारों ओर हजारों प्रतिमाएँ दिखाई पड़ेंगी।

प्रागनारायण का शिवालय—इसका निर्माण पं. प्रागनारायण तिवारी ने संवत् 1127 में किया था। यह बहुत बड़ा मंदिर है, इसके अंदर ही लगभग 120 दुकानें हैं। इन दुकानों पर स्त्रियों के शृंगार की वस्तुएँ अधिक बिकती हैं।

कैलाश का शिवालय—इसका निर्माण पं. गुरुप्रसादजी शुक्ल ने किया है। यह मंदिर बहुत बड़े सुंदर उद्यान के अंदर स्थित है। कानपुर का यह एक बड़ा प्रसिद्ध मंदिर माना जाता है। इस शिवालय के निकट ही गंगाजी केवल थोड़ी ही दूर पर स्थित हैं। यह स्थान अपनी रामलीला के लिए प्रसिद्ध है।

कानपुर में घाट भी बहुत हैं। इनके नाम हैं—जाजमऊ, बंगाली घाट, कोयेला घाट, मिक्सर घाट, गोल घाट, गुप्तारघाट, सरसैयाघाट। ये सब पक्के घाट हैं।

करीब 10 मील दक्षिण उन्नाव जिले के बिल्कुल दक्षिण में बक्सर नामक स्थान है। यह बकासुर राक्षस का स्थान है। उसका भगवान् श्रीकृष्णचंद्रजी ने वध किया था। इस राक्षस ने यहाँ माहेश्वरनाथ महादेव का मंदिर बनवाया था। यहाँ चंडी का और उसके आगे अंबिका देवी का मंदिर है। यहाँ कार्तिक में मेला लगता है, तब लगभग एक लाख यात्री यहाँ आते हैं। यहाँ पर गंगाजी बहुत पवित्र मानी जाती हैं।

बक्सर से 7 मील पूर्व निसगर है। यह ग्राम रायबरेली जिले में पड़ता है। गंगा के उस पार बालापुर नामक ग्राम है, जिससे पूर्व की ओर आदमपुर पड़ता है। यहाँ माघी, गंगा दशहरा, भदही, कार्तिक आदि को मेले लगते हैं। यहाँ घाट बना हुआ है। एक मंदिर रामजी का है, जो राजगुरु रीवाँ का बनवाया हुआ है। इस मंदिर का नाम ब्रह्मशिला है।

कहते हैं कि यहाँ ब्रह्माजी ने यज्ञ किया था।

दीपावली का उत्सव बड़ी धूमधाम से मनाया जाता है। यहाँ के दूध के लड्डू प्रसिद्ध हैं। यह अश्विनीकुमारों की तपोभूमि है।

आगे डालामऊ है, यहाँ पर दस मंदिर हैं। यहाँ पर चार पक्के घाट हैं, जिनमें से तीन घाट उजड़े हुए हैं। थोड़ी दूर चलने पर कुटील या कोटरा पड़ता है। भादो, कार्तिक या माघ में यहाँ मेले लगते हैं। एक छोटा शिवालय भी है। घाट कच्चा होने के कारण यह सुंदर प्रतीत होता है। यहाँ पर दो ध्वंस किलों के अवशेष पाए जाते हैं। एक राजा जयचंद का बनवाया हुआ है, दूसरा किसी अफगान का बनवाया हुआ कहा जाता है।

कुछ दूर पर गंगाजी के उस पार एक मील तक जंगल पड़ता है। फिर मरसापुर है, यहाँ से कुछ ही पूर्व में कालाकाँकर स्थित है। यहाँ दो पक्के घाट और तीन–चार सुंदर मंदिर बने हुए हैं। यहाँ गंगाजी के मेले लगते हैं, राजा साहब की कोठी बिल्कुल निकट होने के कारण बड़ी भली मालूम होती है। गंगाजी के उस पार इलाहाबाद जिले का कन्थुआ नामक स्थान है। जल बिल्कुल किनारे तक है। यहाँ गंगा स्नान के मेले लगते हैं। रास्ते में लोदी ग्राम पड़ता है। यहाँ से गंगाजी के किनारे आधा मील से एक मील तक चौड़ा जंगल पड़ता है। वहाँ से पास में मानिकपुर नामक एक कस्बा है, इसमें शाहबाद, मानिकपुर और राजघाट नामक तीन घाट शामिल हैं। गंगाजी के अन्य स्थानीय मेलों के समान यहाँ भी मेले लगते हैं। यहाँ पर ज्वालामुखीदेवी का प्रसिद्ध मंदिर है। आषाढ़वादी सप्तमी को यहाँ विशेष मेला लगता है। कुछ दूरी पर गंगा के पास इलाहाबाद जिले में कड़ा नामक एक प्रसिद्ध स्थान है। यहाँ पर शीतलाजी का बहुत प्रसिद्ध मंदिर है। कार्तिक, चैत्र में शीतला–सप्तमी पर अष्टमी, नवमी, दशमी और भादो अमावस्या को मेला लगता है। यहाँ पर पंद्रह धर्मशालाएँ हैं और एक पुराना मंदिर है,

उसके अंदर एक कुंड है, जिसमें एक पंजा जल सूखने पर दिखाई पड़ता है। इस मंदिर में कोई मूर्ति नहीं है।

थोड़ी दूर पर गंगाजी के उस पार शाहपुर प्रतापगढ़ जिले में एक छोटा शिवालय है, जहाँ शिवरात्रि को मेला लगता है। फिर संगौतीघाट मिलता है। गंगाजी की धारा इसके निकट बहती है। गंगा पार करने पर मुहम्मदपुर मिलता है। यहाँ शिवजी का एक छोटा सा मंदिर है, जहाँ मेला लगता है। बाबा रघुनंदन दासजी का बनवाया हनुमानजी का मंदिर है। यहाँ पाँच और मंदिर हैं, जिनमें एक बहुत बड़ा और पुराना हूबलाल महाजन का बनवाया हुआ मंदिर है। चैत्र में रामनवमी के दिन और भादो में जन्माष्टमी पर यहाँ हजार-दो-हजार आदमी जुटते हैं। जहानाबाद यहाँ से एक मील है। वहाँ हनुमानजी का एक छोटा सा मंदिर है। यहाँ तेरस, अमावस और पूर्णमासी को मेला लगता है, आगे रामचौरा है।

यहाँ चरणपादुका का प्रसिद्ध मंदिर है। पाँच घाट हैं। सीताकुंड, रामचौरा, राजघाट, संध्यघाट, ब्रह्मांडी कुंड एक कोस की दूरी में है। यहाँ से एक कोस पर कुरई नामक स्थान है और वहाँ सीताजी आई थीं। यहाँ के पास श्रृंगवेरपुर में महाराज दशरथ की कन्या शांताजी का मंदिर है। उनके पति श्रृंगीजी का भी मंदिर है। रामचौरा से ही मिला हुआ रामनगर है, यहाँ सीताकुंड से सीताजी ने मिट्टी उठाई थीं। यहाँ से कुछ दूर पर फतेहपुर नामक ग्राम है। यहाँ भूरेनाथ के राधाकृष्ण के और हनुमानजी के छह मंदिर हैं। फतेहपुर से आगे बेगमसराय नामक स्थान इलाहाबाद तहसील में है। इलाहाबाद का चौक बाजार यहाँ से लगभग दो कोस दूर है। यहाँ महावीरजी का एक छोटा सा मंदिर और एक कच्चा घाट है। यहाँ से आगे मऊ सरइयाँ इलाहाबाद में है। यहाँ निरालेश्वर का मंदिर है, उसमें श्रीरामचंद्रजी, लक्ष्मणजी और सीताजी की मूर्तियाँ हैं। यह एक ऊँचे टीले पर बना हुआ है और बरसात में चारों ओर पानी से घिर जाता है।

यहाँ से आगे प्रयाग है। प्रयाग भारत का बहुत ही पुराना और प्रसिद्ध तीर्थ ही नहीं, तीर्थराज है। मुसलमानी जमाने में इसी का नाम इलाहाबाद पड़ा था। धार्मिक, ऐतिहासिक, पौराणिक, राजनैतिक सभी दृष्टियों से प्रयाग महातीर्थ है। पुराणों और कई प्राचीन ग्रंथों में इसका वर्णन मिलता है। शुखासुर वेद पुनः प्राप्त कर लेने पर ब्रह्माजी ने दस अश्वमेध यज्ञ किए थे, वह दशाश्वमेधघाट कहलाता है। उसके पास ही दशाश्मेधेश्वर महादेव का मंदिर है, भगवान् रामचंद्रजी अयोध्या से वन जाते समय यहाँ भारद्वाज आश्रम में ठहरे थे। महाभारत युद्ध के समाप्त होने पर महाराज युधिष्ठर युद्ध से उत्पन्न पाप का प्रायश्चित्त करने के लिए पाँचों भाइयों सहित इसी नगर में आए थे।

प्रयागशताध्यायी में लिखा है कि प्रयाग में पितरों के लिए किया हुआ कर्म फल देनेवाला होता है। गंगा और यमुना के तीर पर दिया हुआ दान अक्षय फल देनेवाला होता है।

प्रयाग में देवताओं के साथ विष्णु भी निवास करते हैं, प्रयागत और प्रतिष्ठांत से लेकर वासुकी के पूर्वज प्रजापति का यह क्षेत्र है। इसकी तीनों लोकों में महिमा है। वहाँ जो स्नान करते हैं, वे स्वर्ग को जाते हैं और जो इस क्षेत्र में मर जाते हैं, वे मोक्ष प्राप्त करते हैं। प्रयाग के मुख्य देव स्थान निम्नलिखित हैं :

त्रिवेणी—यहाँ तीन नदियों का संयोग होता है, किंतु संगम का स्थान निश्चित नहीं रहता है। संगम कभी किले के पास, कभी ओले गाँव के पास तो कभी सोमेश्वर महादेव के मंदिर के पास होता है। वर्षा ऋतु को छोड़कर अन्य ऋतुओं में संगम पर गंगा और यमुना का जल अलग-अलग दिखाई देता है। सरस्वती प्रयाग में आकर छिप गई है। किले के दक्षिण यमुना तट पर एक कुंड है। उस कुंड को ही सरस्वती नदी का स्थान बताया गया है।

संगम पर प्रतिवर्ष माघ मास में एक बड़ा मेला लगता है, जो

महीना भर चलता है। इसमें बहुत दूर-दूर से यात्री आते हैं। मकर संक्रांति से यह मेला शुरू होता है और कुंभ की संक्रांति तक चलता रहता है। यहाँ अमावस्या का पर्व सबसे मुख्य है। अमावस्या के दिन लाखों लोगों की भीड़ गंगा तट पर होती है। बारह वर्ष पर जब वृष राशि में बृहस्पति होते हैं, तब यहाँ कुंभ का बड़ा मेला लगता है। उस समय यहाँ देश-विदेश के लोग आते हैं। साधु-संन्यासी के अखाड़े और जुलूस दर्शनीय होते हैं।

अक्षयवट—संगम से थोड़ी दूरी पर किले के भीतर एक गुफा में वटवृक्ष है। इस गुफा को पातालपुरी का मंदिर कहते हैं। पहले इसमें बड़ा अँधेरा रहता था, पर अब रोशनदान बनाकर भीतर तक प्रकाश पहुँचाने का प्रबंध कर दिया गया है। गुफा के अंदर एक वटवृक्ष का ठूँठ दिखाया जाता है। जिसमें पत्ते वगैरह नहीं हैं, उस पर पुजारी बहुत से वस्त्र लपेटे रहता है। मंदिर के अंदर अनेक देवताओं की मूर्तियाँ हैं।

वासुकी—यह प्रसिद्ध देव स्थान दारागंज से सटे हुए बक्सी मुहल्ले में है। यह मंदिर एक ऊँचे टीले पर बना हुआ है। इसे नागपुर के भोंसला राजा ने बनवाया था। मंदिर के भीतर काले पत्थर की शेष भगवान् की सुंदर मूर्ति बनी हुई है। यह स्थान एकांत में होने के कारण बड़ा प्रिय मालूम होता है और गंगा तट पर होने के कारण इसकी शोभी दूनी हो जाती है।

बलदेवजी (शेष भगवान्)—वासुकी से करीब दो मील आगे पश्चिम और उत्तर की ओर गंगाजी के किनारे बलदाऊजी का मंदिर है। वह देखने योग्य है। बलदेवजी शेषजी के अवतार हैं, इसलिए शेषजी का यह स्थान माना जाता है।

भरद्वाज आश्रम—यह स्थान कर्नलगंज मुहल्ले में है। एक मंदिर के भीतर भरद्वाज मुनि का स्थापित किया हुआ शिवलिंग है। इसी के

पास एक गुफा है, जिसे भरद्वाज मुनि की गुफा कहते हैं। गंगाजी पहले इसके समीप ही बहती थीं, किंतु बाँध बन जाने से दूर हो गई हैं।

प्रयाग से राजमहल

पारलौकिक दृष्टि से गंगाजी का जो महत्त्व है एवं वेद-शास्त्रों में जो गंगा माहात्मय वर्णित है, वह तो पतितपावनी श्रीगंगाजी अक्षय सार्वभौम होने का परिचायक ही है। स्थूल दृष्टि रखनेवाले आधुनिक विज्ञानवादियों ने भी एक स्वर से मनुष्य के व्यावहारिक जीवन में गंगाजल की अमित उपयोगिता सिद्ध कर दी है। अतः निस्संदेह यह कह सकते है कि गंगाजी के समान गुणकारिणी नदी भारत क्या, संसार में नहीं है।

कलयुग में गंगाजी प्रत्यक्ष देवी हैं। गंगाजी की एक बहुत बड़ी विशेषता है कि ये अपने जल में स्नान करनेवाले मनुष्य को कुछ समय के लिए देवता बना देती है। जब कोई मनुष्य स्नान करने के लिए अपने पैर गंगाजी में रखता है तो गंगाजल उसके पैर के पास से बहने के कारण वह विष्णु भगवान् का रूप बन जाता है, जब मनुष्य गोता लगता है तो गंगाजल उसके बालों से गिरता है और वह मनुष्य कुछ समय के लिए शिव रूप धारण कर लेता है। जब वह स्नान करने के बाद अपने कमंडलु में गंगाजल भरकर ले जाता है तो वह ब्रह्मा का रूप धारण कर लेता है।

प्रयाग में त्रिवेणी घाट पर, जहाँ गंगा-यमुना का संगम होता है, वहाँ एक अत्यंत मनोहर एवं दिव्य प्राकृतिक सौंदर्य का आविर्भाव होता है।

गंगा त्रिवेणी घाट पर यमुना को अपने में अंतर्लीन करके आगे दक्षिण-पूर्व की ओर बढ़ती है।

उत्तर में फुलपुर और हँड़िया तहसीलें तथा दक्षिण में करछना और मेजा के बीच में बहती हुई और किनारों के छोटे-बड़े ग्रामों को

पवित्र करती हुई गंगा त्रिवेणी से 16 मील पर सिरसा नामक स्थान पर पहुँचती है, जहाँ टोंस नदी का संगम होता है। यहाँ से हँड़िया के लिए कच्ची सड़क गई है।

सिरसा से लगभग 7 मील पर गंगा के बाएँ तट पर लच्छागिरी नामक एक प्राचीन स्थान है। यहाँ गंगा के किनारे रेतीले टीले अधिक हैं। यह वही लच्छागिरी है, जहाँ पर महाभारत में वर्णित कथानुसार दुर्योधन ने युधिष्ठरादि पाँचों पांडवों को जलाने के लिए लाह का घर बनवाया था। संयोगवश रात के समय जब पाँचों पांडव उस लाह के घर में ठहरे, तब दुर्योधन ने उसमें आग लगवा दी थी। वह घर लाह का था इसलिए एक क्षण में ही भस्म हो गया, परंतु बनानेवाले ने बुद्धिमानी से उस घर में एक सुरंग बाहर को निकाल दी थी कि जिससे निकलकर पाँचों पांडव बच गए।

यहाँ से आगे बढ़ने पर गंगा चौखट्टा, महादेव, नटवर, कोराई आदि प्रयाग जिले के स्थानों को पवित्र करती हुई लगभग 78 मील बहने के बाद मिर्जापुर जिले में प्रवेश करती है। यह इस जिले में सर्वप्रथम भदोही परगने के करौंडिया ग्राम से प्रवेश करती है। वहाँ से पुण्य क्षेत्र विंध्याचल में चली जाती है। यह स्थान मिर्जापुर नगर से 7 मील पश्चिम में है। यहाँ विंध्यवासिनी देवी का मंदिर है, जिसके दर्शन के लिए प्रति वर्ष असंख्य यात्री समस्त भारत से आते हैं। देवीजी का चौकोर मंदिर पत्थर का बना हुआ है। इसके चारों ओर बरामदा और एक सीढ़ी है। खंभों पर साधारण कारीगरी की गई हैं। देवीजी की मूर्ति एक कमरे में है, जिसकी दीवारें पत्थरों की हैं।

अष्टभुजा देवी का प्राचीन मंदिर विंध्यवासिनी देवी के मंदिर से दो मील पश्चिम पर्वत शिखर के दुर्गम स्थान में है। इसके चारों ओर लतायुक्त छोटे-छोटे पेड़ इसकी प्राकृतिक छटा को और भी सुंदर बना देते हैं। मंदिर के पास ही उत्तर की ओर पर्वत की ऊँची चोटी से निर्मल

जल का एक झरना गिरता है, यह स्थान भैरव कुंड कहलाता है।

विंध्याचल से 7 मील बहकर गंगाजी मिर्जापुर नगर में पहुँचती हैं। यह नगर गंगा के दाहिने तट पर स्थित है। यहाँ के लोगों के व्यवसाय के मुख्य साधन खाने-पीने की वस्तुएँ, कीमती पत्थर, गोंद, मसाले तथा कपड़े बुनने का रोजगार है। लाह या लाख बनाने का बड़ा कारखाना है। विंध्याचल पर्वत निकट होने के कारण यहाँ पत्थर अधिक मिलते हैं, अतः पत्थर का काम भी यहाँ का एक मुख्य व्यवसाय है।

मिर्जापुर से 21 मील दूर चुनार है। यह गंगा के दाहिने तट पर स्थित है। यहाँ से बनारस, अहिरौरा, रायगढ़ और मिर्जापुर के लिए कच्ची सड़कें जाती हैं। नदी के तट पर स्थित दुर्ग बड़ा ही शोभायमान प्रतीत होता है।

चुनार चरणाद्रि का अपभ्रंश है। कहते हैं, द्वापर में हिमालय से कुमारी अंतरीप तक जाते समय किसी दैत्य ने अपना पैर यहाँ पर रख दिया था, जिसका चिह्न बन गया।

यहाँ से आगे जाने पर गंगा के दक्षिण तट पर बनारस जिले का राल्हूपुर ग्राम मिलता है। यह बनारस और रामनगर चुनार जानेवाली पक्की सड़क पर डफरिन ब्रिज से 6 मील दक्षिण में स्थित है।

यहाँ से तीन मील बाद रामनगर है। यह गंगा के दाहिने तट पर स्थित है। यहाँ के महाराजा काशी नरेश का किला दर्शनीय है। बनारस के दक्षिण भाग से यह दिखाई देता है। यहाँ या तो नगवा (जो कि बनारस के प्रसिद्ध घाट अस्सी के पास एक मुहल्ला है) से नाव द्वारा आते हैं या जलीलपुर (जो रामनगर से लगभग 4 मील उत्तर में दिल्ली से कोलकाता जानेवाला ग्रांड ट्रंक रोड के किनारे स्थित है) से एक पक्की सड़क द्वारा संबंधित होने के करण उस ओर से भी बनारस आते-जाते हैं। यहाँ व्यासजी का प्रसिद्ध मंदिर है। यहाँ से गंगा उत्तर की ओर मुड़ती है और तीन मील के बाद बनारस पहुँचती है। यह नगर गंगा

के बाएँ तट पर है। हिंदू तीर्थस्थानों में काशी एक प्रसिद्ध तीर्थस्थान है। यह विद्या का केंद्र है। यहाँ विश्वनाथजी का मंदिर दर्शनीय है। मंदिर का कलश स्वर्णनिर्मित है। श्रीअन्नपूर्णा देवी का मंदिर, श्री सत्यनारायणजी का मंदिर, श्री कालभैरवजी का मंदिर, दुर्गा कुंड मंदिर आदि काशी के अन्य दर्शनीय स्थान हैं। कुछ विद्वानों का मत है कि भारतीय सभ्यता का विकास गंगा तट पर ही हुआ। इस कथन की सार्थकता काशी जैसी पुण्य भूमि में दिखाई देती है। यहाँ श्री मालवीय महाराजजी संस्थापित हिंदू विश्वविद्यालय भी भारतीय सभ्यता का गौरव स्तंभ है। विश्वविद्यालय की इमारतों का ऊपरी भाग मंदिर के सदृश बनाकर भारतीय वास्तुकला का अच्छा परिचय कराया गया है। चंद्र-सूर्य ग्रहण के अवसर पर यहाँ बड़े-बड़े मेले लगते हैं। काशी नगर के गंगा तट के घाट अति प्रसिद्ध तथा अति सुंदर बने हुए हैं—जैसे दशाश्वमेध घाट, मणिकर्णिका घाट, प्रह्लाद घाट, ललित घाट, अस्सी घाट आदि।

काशी में गंगा

बनारस से लगभग 15 मील उत्तर-पूर्व में गंगाजी के बाएँ तट पर

बलुआ ग्राम है। यह बनारस से धानापुर जानेवाली कच्ची सड़क पर है। यहाँ से गंगा नाव द्वारा पार की जाती है। यहाँ एक महादेवीजी का मंदिर है और यह स्थान बहुत पवित्र माना जाता है।

बलुआजी से गंगाजी पुनः उत्तर की ओर मुड़ती हैं। लगभग 5 मील जाने पर टाँड़ाकलाँ नामक एक प्रसिद्ध ग्राम गंगा के दक्षिण तट पर मिलता है। यहाँ से गाजीपुर तक नावें चलती हैं। आम के बाग यहाँ पर अत्यधिक हैं।

यहाँ से पूर्व–उत्तर में गोमती संगम है। संगम के दृष्टिकोण से यह स्थान बहुत पवित्र माना जाता है। यहाँ से गंगा कुछ दूरी तय करने के बाद गाजीपुर जिले में सर्वप्रथम सैदपुर में प्रवेश करती है। यह गंगा के उत्तर तट पर स्थित है। इस नगर के आस–पास बौद्ध काल की और हिंदू काल की अनेक वस्तुएँ पाई गई हैं।

सैदपुर से सीधे पूर्व में गंगाज़ी के लगभग 22 मील बहने के बाद जमनिया गाजीपुर जिले का एक प्रसिद्ध स्थान है। यह गंगा के उच्च दक्षिण तट पर स्थित है।

गाजीपुर से 16 मील पूर्व गंगा के दक्षिण उच्च तट पर बारा नामक ग्राम स्थित है। यह एक बड़ा टीला है। मुख्य सड़क पर स्थित होने के कारण बारा का व्यापार परगने के अन्य बड़े ग्रामों से अधिक समुन्नत है। इस स्थान से गाजीपुर जिले का अंत समझिए। यहाँ से 4 मील पूर्व की ओर जाने पर गंगाजी दाहिने तट पर शाहाबाद जिले का चौसा नामक ग्राम पड़ता है। यहीं से गंगाजी बिहार प्रदेश में प्रवेश करती हैं। यह ऐतिहासिक स्थान है। यहीं पर कर्मनाशा नदी गंगा में मिलती है।

चौसा से गंगा उत्तर–पूर्व को मुड़ जाती है और लगभग 8 मील के बाद बक्सर नामक प्रसिद्ध स्थान पर पहुँचती है। यह गंगा के दाहिने तट पर स्थित है। कहते हैं बक्सर प्राचीनकाल में वेदवेत्ताओं का निवास स्थान था। इन्हीं के नाम पर इसका प्राचीन नाम वेदगर्भ था। एक अन्य

किंवदंती के अनुसार इसका नाम गौरीशंकर मंदिर के निकटवर्ती अघसर नामक सरोवर पर पड़ा है। समय बीतने पर इसका नाम 'वघसर' हो गया और फिर बक्सर हो गया। यहाँ रामेश्वरम महादेव का मंदिर दर्शनीय है।

बक्सर से 13 मील उत्तर-पूर्व में बाँसथाना नामक एक ग्राम है। कुछ वर्ष पहले सरयू नदी यहीं पर गंगा में मिलती थी, लेकिन अब तो बलिया में ही मिलती है। बाँसथाना से 3 मील पूर्व बलिया नगर गंगा के बाएँ तट पर स्थित है। यहाँ पर भृगुजी का आश्रम तथा मंदिर दर्शनीय है। यह मंदिर शहर से एक फर्लांग पूर्व की ओर है।

यहाँ बालेश्वरजी का मंदिर भी बहुत प्राचीन है। कुछ लोगों का कहना है कि बलि-ईश्वर की मूर्ति प्राचीन है। इसका प्रमाण यह है कि मूर्ति शिवलिंग आकार की (गोल) नहीं है, वरन चपटी है और घिसकर चपटी हुई प्रतीत होती है। 'बलिया' नाम की उत्पत्ति आदि कवि वाल्मीकि से मानी जाती है। इनकी स्मृति में एक मंदिर था, जिसे गंगाजी बहा ले गईं।

यहाँ से सीधे पूर्व दिशा में बहती हुई बलिया के छोटे-छोटे गाँवों को पवित्र करती हुई 19 मील की दूरी पर गंगाजी सिनहा नाम ग्राम से फिर सारन (बिहार प्रदेश) में प्रवेश करती हैं।

सिनहा से 12 मील पूर्व लोहाघाट के पास घाघरा है, जिसे बड़ी सरयू कहते हैं, गंगा में मिलती है। इससे तीन मील आगे सोन नदी का संगम मिलता है। सोन गंगा के दाएँ किनारे पर मिलती है। यहाँ से 9 मील पूर्व सईदपुर से तीन मील आगे गंगा के दाहिने तट पर दानापुर है, यह मुख्य फौजी स्थान है। सईदपुर से 6 मील पूर्व 'पहलेजा घाट' है, यहाँ से पटना के स्टीमर चलते हैं।

पहलेजा से तीन मील पूर्व सोनपुर हरित क्षेत्र है, यहाँ पर कार्तिक पूर्णिमा को भारत विख्यात मेला लगता है, जिसमें भारत के कोने-कोने

से काफी संख्या में लोग आते हैं। यह स्थान गंडक के दाहिने तथा गंगा के बाएँ तट पर स्थित है। यहाँ पर हरमहादेव का प्राचीन मंदिर भी है, जिसके संबंध में यह कथा प्रचलित है कि भगवान् रामचंद्रजी ने जनकपुर जाते समय इसे बनवाया था। मंदिर बहुत पुराना है तथा इसमें जो मूर्ति है, उसमें हरि (विष्णु) और हर (शिव) दोनों देवों के स्वरूपों को एक साथ ही प्रकट करती हुई भारतीय मूर्तिकला का विशेष परिचय कराती है। सोनपुर के पास ही गंडक नदी, जो कि नेपाल हिमालय से निकलती है, गंगा में मिलती है। गंगा के दक्षिण तट पर पटना नगर स्थित है, यह बिहार की वर्तमान राजधानी है। इसका व्यापार अब भी अच्छी दशा में है। रेल और नदी, दोनों ही पर एक मुख्य स्थान में स्थित होने के कारण यह व्यापार का एक प्रमुख स्थान बन गया है। इसका प्राचीन नाम पाटलिपुत्र था, कुछ समय के बाद इसी का नाम 'पटना' हो गया। पटना में दो मंदिर दर्शनीय हैं—एक बड़ी पटन देवी का महाराजगंज में है और एक छोटी पटन देवी का जो हरि की गली में है। पाटलिपुत्र का निर्माण 5वीं सदी के पहले हुआ था। सम्राट् चंद्रगुप्त के समय में यह भारत की राजधानी हो गया था। मेगस्थनीज के लेखन से पता चलता है कि उन दिनों यह अधिकतर काष्ठ का ही होता था, किंतु सम्राट् अशोक ने इस वातावरण में एक महान् परिवर्तन कर दिया, पक्के मकान बनने लगे और विहार तथा स्मारकों से इस स्थान से भर दिया गया। यहाँ अशोक का पुराना प्रसिद्ध महल, पुरानी ईंटों की दीवारें तथा अशोक के स्तंभ के भग्नावशेष पाए गए हैं।

सिक्ख गुरुगोविंद सिंह का जन्म 1660 ई. में चौक के निकट एक गृह में पटना में हुआ था। पंजाब केसरी महाराज रणजीत सिंह ने वहाँ एक मंदिर बनवाया अर्थात् उसका जीर्णोद्धार कराया। जिस गली में यह मंदिर था, उसे हरमंदिर की गली कहते हैं। इस मंदिर पर सिक्खों की आसीम श्रद्धा है।

पटना के समाने उत्तर में गंगा के उस पार जहाँ पर बड़ी गंडक मिलती है, हाजीपुर है।

पटना से 7 मील पूर्व गंगा के दाहिने तट पर फतुहा स्थित है। यहीं पर पुनपुन नदी का संगम है। गंगा स्नान के बड़े-बड़े मेले पुनपुन संगम पर लगते हैं। वारुणी-द्वादशी को यहाँ स्नान करने का माहात्म्य है; क्योंकि इस दिन यहाँ वामन अवतार हुआ था।

फतुहा से गंगाजी सीधे पूर्व की ओर बहती हुई 24 मील पर बाढ़ पहुँचती हैं। यह स्थान श्रीगंगाजी के दाहिने तट पर स्थित है। पटना से कोलकाता आने-जानेवाले स्टीमर यहाँ ठहरते हैं।

बाढ़ से लगभग 14 मील पूर्व-दक्षिण गंगा के दाहिने तट पर मोकामा है। यहाँ रेलवे स्टेशन तथा पुल है। ग्रांड ट्रंक रोड यहाँ से होकर निकलता है।

मोकामा से 12 मील दक्षिण-पूर्व को बहती हुई गंगाजी सूरजगढ़ पहुँचती है। यह गंगा के दक्षिण तट पर स्थित है। इसके सामने उत्तर तट पर अकबरपुर है। कहते हैं कि सूरजगढ़ में राजा सूरजमल का किला था, जिसका अब केवल कुछ अंश बचा है।

मुँगेर से गंगा का प्रवाह उत्तर की ओर घूम जाता है और लगभग छह मील तक गंगा के बाएँ तट पर स्थित रहीमपुर तक ऐसा ही रहता है। फिर वहाँ से गंगाजी दक्षिण-पूर्व को घूमती हैं और मुँगेर से 19 मील पूर्व भागलपुर जिले के सुल्तानगंज में पहुँचती हैं। यह गंगा के दाहिने तट पर स्थित है। यहाँ पर गंगाजी दो धाराओं में बँट जाती हैं, अत: बीच में ऊँचे टीले के समान एक सुंदर स्थान बन जाता है। इसी प्राकृतिक छटा से युक्त स्थान पर एक सुंदर मंदिर बना है, जिसमें चित्रकारी की कला अच्छी तरह दिखाई गई है। वह मंदिर अजगैवीनाथ महादेव के मंदिर के नाम से प्रसिद्ध है।

यहाँ पर किले का भग्नावशेष उसकी प्राचीनता का परिचय कराने

के लिए अभी तक खड़ा है, जिसे कृष्णगढ़ कहते हैं।

यहाँ से 15 मील पूर्व दिशा की ओर बहती हुई गंगाजी भागलपुर नगर को स्पर्श करती हैं। यह नगर गंगाजी के दक्षिणी तट पर स्थित है। यहाँ पर जैनियों के दो मंदिर हैं, जिनमें से एक पिछली शताब्दी के प्रसिद्ध बैंकर जगतसेठ का बनवाया हुआ है। यहाँ के मुख्य व्यवसाय कालीन बनाना, बेंत का काम, फर्नीचर बनाना, नक्काशी, तेल पेरना आदि हैं। भागलपुर के सिल्क और टसर बहुत मशहूर हैं।

भागलपुर से लगभग 16 कि.मी. गंगा के दाहिने तट पर कहलगाँव नामक एक स्थान मिलता है। यहाँ पहाड़ पर एक विचित्र शैली का मंदिर बना हुआ है, जिसमें अच्छी चित्रकारी की गई है।

इसके पास ही कोसी नदी दाईं ओर से गंगा में मिलती है। यह नेपाल के पूर्व भाग में सात धाराओं से बनी है, इसलिए उस प्रदेश को सप्तकौशिकी कहते हैं।

कहलगाँव से 12 मील उत्तर-पूर्व कहड़गोला नामक स्थान गंगा के बाएँ तट पर स्थित है, यहाँ पर लिखारी नदी गंगा में मिलती है। पहले यह व्यापार का अच्छा केंद्र था, लेकिन रेल मार्ग बन जाने से व्यापार समाप्त हो गया है। कहलगाँव से 20 मील पूर्व गंगा के बाएँ तट पर मनिहारी नामक ग्राम है। मनिहारी घाट से गंगाजी दक्षिण-पूर्व को मुड़कर 13 मील पर मानिक नगर जाती हैं। वहाँ से गंगा सीधे दक्षिण को बहती है और 12 मील बहकर प्रसिद्ध स्थान राजमहल में पहुँचती है। यह राजमहल गंगा के दाहिने तट पर स्थित है। किसी समय यह बंगाल की राजधानी था, किंतु अब तो मिट्टी के झोंपड़ों का समूहमात्र रह गया है, जिसके बीच कुछ अच्छे घर हैं तथा कुछ सुंदर भवनों के भग्नावेश हैं। रजिस्ट्रार के ऑफिस से पूर्व की ओर एक शिवजी का मंदिर भग्नावस्था में है। यहाँ पर दानसिंह का बनवाया हुआ एक शिव मंदिर भी बताया जाता है। राजमहल से आगे गंगाजी बंगाल में प्रवेश करती हैं।

बंगाल में प्रवेश करते ही गंगाजी की रूपरेखा में परिवर्तन आ जाता है। उनकी विशेषताएँ बदल जाती हैं। वास्तव में बात यह है कि हजारों वर्ष पूर्व गंगासागर संगम राजमहल की पहाड़ियों के निकट होता था। उस समय पश्चिम बंगाल का अस्तित्व नहीं था। जहाँ आजकल कोलकाता नगर है, वहाँ कुछ पहाड़ियाँ थीं। धीरे-धीरे गंगा की लाई हुई मिट्टी के जमा होने से डेल्टा बनना आरंभ हो गया। यहीं से इस प्रदेश का इतिहास शुरू होता है। कई प्रमाणों से सिद्ध होता है कि कोलकाता के आस-पास की भूमि 9वीं सदी के बाद से नदियों के द्वारा लाई हुई मिट्टी से बनना आरंभ हुई है।

वर्तमान ऐतिहासिककाल में इस प्रदेश की प्रदक्षिणा का वृत्तांत रेनल साहब ने सन् 1790 के लगभग प्रकाशित किया था। यहाँ से क्रमबद्ध विवरण सर्वप्रथम उसी से मिलता है। रेनल साहब के समय में गंगा राजमहल के बाद उस मार्ग से होकर समुद्र में गिरती थी, जहाँ आजकल छोटी भागीरथी नदी बह गई है। गंगा के तट पर जिन नगरों का वर्णन रेनल साहब ने किया है, वे हैं—

गौड़ या लखनौती—यह बंगाल की प्राचीन राजधानी है। यह राजमहल से 15 मील नीचे की ओर है। मुगल सम्राट् अकबर द्वारा इसका जीर्णोद्धार तथा पुनर्निर्माण किया गया था।

टाँडा—सन् 1540 ई. के लगभग शेरशाह के शासनकाल में यह बंगाल की राजधानी थी।

सतगाँव—अब यह सरस्वती के तट पर एक छोटा सा ग्राम है।

बेंगाला—इस नाम का एक नगर गंगा के पूर्व मुहाने पर होना लिखा है। अब वह बाढ़ में लीन हो गया मालूम होता है।

आजकल गंगा द्वारा इस मार्ग को छोड़ने के कारण उपर्युक्त स्थान अब गंगा तट से दूर पड़ते हैं। आज गंगा ताँतीपुर के कुछ आगे वर्तमान भागीरथी के मार्ग से होकर बहती है, किंतु यह एक छोटी धारा है, बड़ी

मुख्य धारा, जो छापघाटी से अलग हो गई है, 'पद्मा' के नाम से प्रसिद्ध है। वह बँगलादेश की ओर जाती है, परंतु बंगाली लोग भागीरथी को ही पवित्र नदी मानते हैं। पूर्व बंगाल के निवासी नावों द्वारा भागीरथी के मुहाने से गंगाजल लाते हैं।

राजमहल के बाद अनेक ग्रामों को पवित्र करती हुई गंगा करीब 25 मील पर छापघाटी (फरक्का) स्थान पर पहुँचती है। इस स्थान पर गंगा दो धाराओं में बँट जाती है, बड़ी धारा पद्मा के नाम से प्रसिद्ध है, जो दक्षिण-पूर्व को बँगलादेश में बहती हुई बंगाल की खाड़ी में गिरती है, दूसरी छोटी शाखा भागीरथी के नाम से अभिहित होती है और यह सीधे दक्षिण को बहती हुई गंगासागर तक जाती है। यद्यपि भागीरथी नाम की छोटी धारा में आजकल प्राय: जल कम रहता है तथा यह मानना पड़ेगा कि भागीरथी के तट पर ही बंगाल के मुख्य तीर्थ और नगर हैं—जैसे महेश, काली, त्रिवेणी तथा कोलकाता, श्रीरामपुर, कासिमबाजार, अजीमगंज आदि।

देवप्रयाग में गंगा

इस प्रकार भागीरथी मुर्शिदाबाद, कटवा, नवद्वीप, त्रिवेणी, हुगली, चिंचुड़ा, चंद्रनगर, श्रीरामपुर होते हुए कोलकाता पहुँचती है, फिर सीधी दक्षिण की ओर बहती हुई बंगाल की खाड़ी में जा गिरती है। अब उपर्युक्त स्थानों का एक-एक करके दिग्दर्शन कराया गया है।

छापघाटी से लगभग 10 मील दक्षिण में जंगीपुर भागीरथी के बाएँ तट पर स्थित है। इसका स्टेशन जंगीपुर रोड है, जो उसके दूसरे किनारे पर स्थित है।

जंगीपुर से 21 मील दक्षिण में मुर्शिदाबाद है। यह नगर भागीरथी के दाहिने तट पर स्थित है।

प्लासी के युद्ध के बाद क्लाइव ने लिखा है कि मुर्शिदाबाद का नगर लंदन के समान ही विस्तृत धनाढ्य और घना बसा हुआ है, हाथी दाँत पर नक्काशी का काम यहाँ बहुत अच्छे ढंग से होता है।

यहाँ से आगे कासिम बाजार नामक प्रसिद्ध व्यापारिक नगर है, जो भागीरथी के बाएँ तट पर स्थित था। अब भागीरथी यहाँ से पश्चिम को हट गई हैं। यहाँ से 12 मील दक्षिण प्लासी नामक प्रसिद्ध ऐतिहासिक ग्राम भागीरथी के बाएँ तट पर स्थित है। यहाँ पर मुर्शिदाबाद जिले का अंत होता है। यहाँ पर लॉर्ड क्लाइव से बंगाल के नवाब सिराजुदौला का युद्ध हुआ था।

यहाँ से भागीरथी टेढ़ी-मेढ़ी बहती हुई 12 मील दक्षिण की ओर जाकर कटवा नामक स्थान पर पहुँचती है। यह वैष्णवों का तीर्थस्थान है। महाप्रभु श्री चैतन्यदेव ने यहीं पर संन्यास ग्रहण किया था। कटवा से भागीरथी धारा दक्षिण-पूर्व को मुड़ती है और आगे जाकर नवद्वीप में पहुँचती है। यह भागीरथी के दाहिने तट पर स्थित है। कटवा से बालागढ़ जानेवाली कच्ची सड़क यहाँ से गुजरती है। यहीं पर जालंगी नदी मिलती है और यहाँ से भागीरथी का नाम हुगली पड़ जाता है। आगे वह इसी नाम से संबोधित की जाती है। इसी जालंगी नदी के बाएँ तट पर

कृष्ण नगर नामक स्थान है, जो कोयले की खानों के लिए प्रसिद्ध है। प्राचीनकाल में नवद्वीप एक समृद्ध नगर था, किंतु भागीरथी के बार–बार स्थान परिवर्तन करने के कारण उसके प्राचीन गौरव–चिह्न भागीरथी में अंतर्लीन हो गए हैं। यह चैतन्य महाप्रभु का जन्म स्थान है।

वर्तमान नवद्वीप संस्कृत–शिक्षा के लिए अब भी प्रसिद्ध है। इस स्थान की मुख्य विशेषता यहाँ के विद्यालय हैं, जिसमें स्मृति एवं न्यायशास्त्र पढ़ाए जाते थे।

नवद्वीप से 10 मील आगे शांतिपुर नामक एक सुंदर स्थान है। यह भागीरथी के बाएँ तट पर स्थित है। 15वीं शताब्दी में यहाँ पर अद्वैताचार्य पैदा हुए थे, जो विष्णु और शिव के संयुक्त अवतार माने जाते हैं। तब से यह स्थान बहुत पवित्र माना जाता है।

शांतिपुर से करीब 12 मील दक्षिण में बालागढ़ नामक एक स्थान भागीरथी के दाहिने तट पर स्थित है। बालागढ़ से 10 मील दक्षिण भागीरथी के दाहिने तट पर त्रिवेणी नामक एक प्राचीन स्थान है। इसका प्राचीन नाम मुक्तवेणी था। यहाँ पर भागीरथी की तीन धाराएँ हो जाती हैं—एक भागीरथी, जो कि दक्षिण की ओर कोलकाता होती हुई गंगासागर को जाती है; दूसरी सरस्वती, जो हुगली तथा हावड़ा जिलों के भीतर होकर दक्षिण की ओर होकर बहती है और सप्तग्राम होती हुई फिर संकराइल नामक स्थान पर गंगा (भागीरथी) से जा मिलती है, तीसरी यमुना, जो त्रिवेणी के समाने ही पूर्वी किनारे से निकलकर पूर्व की ओर प्रवाहित होती है और इच्छामती के नाम से ज्ञात होती है।

जैसे प्रयाग में गंगा–यमुना और सरस्वती का संगम होने के कारण उस स्थान को 'त्रिवेणी' कहते हैं, वैसे ही भागीरथी से यमुना तथा सरस्वती के निकलने के कारण इन तीनों मिलन के स्थान को भी 'त्रिवेणी' कहते हैं। प्रयाग का 'मिलन–स्थानयुक्त त्रिवेणी' और भागीरथी के वियोग के स्थान को 'मुक्त त्रिवेणी' कहते हैं।

त्रिवेणी हुगली नगर से दक्षिण की ओर है। ग्रांड ट्रंक रोड यहाँ से होकर जाता है। हुगली कॉलेज से आधे मील पर शांदेश्वर मंदिर है।

बैरकपुर से 2 मील दक्षिण की ओर बाएँ तट पर टीटागढ़ नाम का एक प्रसिद्ध औद्योगिक केंद्र है, यहाँ जूट की मिलें और कागज का प्रसिद्ध कारखाना है। टीटागढ़ से 2 मील आगे खड़दह नामक स्थान है। श्री चैतन्य महाप्रभु के मुख्य शिष्य नित्यानंद यहाँ कुछ समय रहे थे। यहाँ तीन मंदिर हैं—खड़दह में श्यामसुंदरजी का, वल्लभपुर में राधावल्लभजी का और शाहीवार में नंददुलारेजी का।

टीटागढ़ के सामने हुगली नदी के दूसरे (दाहिने) तट पर श्रीरामपुर नामक एक नगर है। यह हुगली और हावड़ा नगर से समान दूरी पर स्थित है। ग्रांड ट्रंक रोड यहाँ से होकर जाता है।

श्रीरामपुर से दक्षिण हुगली के दाएँ तट पर एक छोटा सा उत्तरपाड़ा नामक नगर स्थित है। यहाँ एक पुस्तकालय है, जिसमें भारत की प्राचीन पुस्तकें संग्रहित हैं।

सुप्रसिद्ध हावड़ा पुल (कोलकाता)

उत्तरपाड़ा से 6 मील आगे हुगली के दक्षिण तट पर हावड़ा नामक प्रसिद्ध नगर है। यहाँ हुगली पर एक विशाल पुल बना है। इसके बनने में विशेष कारीगरी दिखाई गई है; क्योंकि जहाज आने के समय पुल बीच से उठा दिया जाता था और जहाज के चले जाने पर फिर जोड़ दिया जाता था, अब यह पुल स्थिर है। हावड़ा नगर का एक मुख्य स्थान शिवपुर है। यहाँ पर रॉयल बोटेनिकल गॉर्डन और सिविल इंजीनियरिंग कॉलेज है।

हावड़ा पुल के दूसरी तरफ हुगली नदी के बाएँ तट पर जगद् विख्यात कोलकाता नगर स्थित है। यह जनसंख्या की दृष्टि से भारतवर्ष में सर्वप्रथम तथा विश्व में 12वाँ नगर है। यह नगर ऐसे स्थान पर स्थित है, जहाँ स्थल और जल दोनों मार्गों से व्यापारिक सुविधाएँ हैं। यहाँ कालीघाट, आद्यापीठ तथा गंगाजी के तट पर दक्षिणेश्वर कालीजी का मंदिर है।

कोलकाता की समृद्धि आजकल बढ़ती जा रही है। यूरोप आदि देशों से भारतवर्ष का जो सामुद्रिक व्यापारिक संबंध है, वह बहुत अंशों में कोलकाता जैसे प्रसिद्ध (प्राकृतिक) बंदरगाह के माध्यम से ही है। यहाँ के म्यूजियम (संग्रहालय) चिड़ियाघर, टकसालघर आदि दर्शनीय स्थान हैं, चिड़ियाघर, जो संसार में प्रसिद्ध है तरह-तरह के जंगली साँप, चिड़ियाँ, पहाड़ी जीव, सिंह, बाघ, रीछ आदि रखे गए हैं। यहाँ पर हर तरह के कारखाने हैं। कोलकाता से भागीरथी (हुगली) की एक धारा कालीघाट होती हुई जयनगर से और आगे जाती थी। अब यह सूख गई है। अंग्रेजों के आगमन के पहले इसमें काफी जल बहता था, परंतु अब स्थान-स्थान पर केवल कुछ झीलें अवश्य बन गई हैं। इन्हें आदिगंगा, बूढ़गंगा या गंगानाला के नाम से पुकारते हैं। हिंदू लोग कोलकाता से दक्षिण हुगली नदीवत् समझकर केवल इसे ही पवित्र मानते हैं और यहीं अपने शवों का अंतिम संस्कार करते हैं।

कोलकाता से 6 मील आगे हुगली नदी साँकराइल नामक स्थान पर पहुँचती है, जहाँ सरस्वती नदी का संगम होता है, यह सरस्वती नदी है, जिसका विवरण पहले दिया जा चुका है। यह त्रिवेणी पर भागीरथी से अलग होकर सप्तग्राम होती हुई दक्षिण–पश्चिम की ओर बहने लगती है और घुमकर फिर साँकराइल के पास भागीरथी (हुगली) में मिल जाती है।

साँकराइल सरस्वती और हुगली के संगम पर बसा हुआ एक बड़ा ग्राम है। यहाँ स्टीमर रुकते हैं। संगम पर होने के कारण यह स्थान बहुत पवित्र माना जाता है।

साँकराइल से लगभग 10 मील आगे मायापुर नामक ग्राम है। यहाँ पर भी स्टीमर चलते हैं। मायापुर से आगे हुगली नदी के दाहिने तट पर दामोदर नद मिलता है और इस संगम के सामने ही दूसरे किनारे पर काल्टा नामक स्थान है। यहाँ एक किला है, जिस पर भारी तोपें रखी हुई हैं। यहाँ से पक्की सड़कें कोलकाता जाती हैं।

इसके बाद हुगली नदी आगे बढ़ने पर बैकुंठपुर, रामपुर, दुर्गाचक आदि स्थानों को पवित्र करती हुई मायापुर से 28 मील पूर्व नारायण चक्र में पहुँचती है, जहाँ पर हल्दी नदी का संगम होता है। यहाँ से हुगली नदी की धारा बहुत चौड़ी हो जाती है और इसी रूप में भागीरथी, काशीनारा, कलेक्टरगंज होती हुई गंगासागर को चली जाती है। यह स्थान सागर से एक छोटी धारा के संगम तट पर है। यहाँ मकर संक्रांति के दिन एक बड़ा मेला लगता है। यहाँ दुकानों के लिए चटाइयों के मँडप बनाए जाते हैं। मेले के समय रेत के चार फीट ऊँचे चबूतरे पर एक तात्कालिक मंदिर बनाकर उसमें कपिल मुनि की मूर्ति की स्थापना की जाती है।

यह पहले बताया जा चुका है कि फरक्का के पास गंगा दो भागों में बँट जाती है—भागीरथी और पद्मा, जिनमें भागीरथी के किनारे के प्रसिद्ध स्थानों का विवरण दिया जा चुका है।

अब आगे पद्मा नामधारिणी गंगा के किनारे के प्रसिद्ध स्थानों का संक्षिप्त विवरण है।

फरक्का से कुछ दूर पर गिरिया नामक एक ग्राम पद्मा के दाहिने तट पर स्थित है। यहाँ से कुछ दूर आगे पद्मा के बाएँ तट पर उदयनाला नामक एक ऐतिहासिक स्थान है। जहाँ नवाब मीरकासिम के साथ सन् 1763 में अंग्रेजों की दो लड़ाइयाँ हुई थीं, दोनों में मीरकासिम की हार हुई थी।

यहाँ से आगे बढ़ने पर पद्मा गोदागड़ी नामक स्थान में पहुँचती है। यह स्थान छापघाटी से 16 मील दक्षिण पूर्व में पद्मा के बाएँ तट पर स्थित है।

यहाँ से पद्मा भगवानगोला को जाती है। यह स्थान छापघाटी मुहाने से लगभग 21 मील दक्षिण–पूर्व में है। यह एक व्यापारिक स्थान है। पद्मा नदी की उचित गहराई तथा चौड़ाई होने के कारण इसके द्वारा माल ले जाने में व्यापारिक सुविधा अधिक रहती है। इसलिए पद्मा के किनारे बसे हुए सब प्रसिद्ध स्थान अपना व्यापारिक महत्त्व भी रखते हैं।

भगवानगोला से 15 मील आगे रामपुरबोआलिया नाम का एक नगर पद्मा के बाएँ तट पर स्थित है। पहले यहाँ रामपुर और बोआलिया नाम के दो अलग–अलग ग्राम थे, किंतु अब दोनों को मिलाकर एक कर दिया गया है। यहाँ पर स्टीमर से काफी व्यापार होता है।

यहाँ से 32 मील की दूरी पर पद्मा के बाएँ तट पर सारा नामक एक ग्राम है, वहाँ रेलवे स्टेशन, थाना, डाकखाना, हाई–स्कूल हैं। यह ग्राम पबना जिले में पड़ता है।

आगे पद्मा के दाहिने तट पर नूरपुर नामक ग्राम स्थित है। यहाँ से कुष्ठिया नगर तक पक्की सड़क गई है। यहाँ से चार मील आगे नलवरिया स्थान पर गरई नदी का संगम होता है। इस संगम से 9 मील आगे पबना नगर पद्मा के दाहिने तट पर स्थित है। यह एक व्यापारिक नगर है।

पबना से 30 मील आगे सिवले नामक स्थान पर पद्मा का यमुना नदी के साथ संगम होता है। ब्रह्मपुत्र नदी के बंगाल में प्रवेश होने के बाद उसका नाम यमुना पड़ जाता है। यह काफी चौड़ी नदी है। व्यापार की दृष्टि से यह बहुत महत्त्वपूर्ण नदी है। सिवले में पद्मा के पूर्वी तट पर एक बड़ा बाजार है। गोआंलदों घाट से पद्मा नदी छोटे-छोटे गाँवों से होती हुई 51 मील दूर राजवाड़ी स्थान पर पहुँचती है। यह पद्मा के पूर्वी तट पर स्थित है। इसी राजवाड़ी के आस-पास मेघना नदी का (जो कि मणिपुर की पहाड़ियों से निकलती है और सुरमाघाटी में बहती है) संगम होता है।

गंगा पर नाव यात्रा

यह मेघना राजवाड़ी से लगभग 15 मील उत्तर मुंशीगंज के पास कई नदियों से मिलकर आती है, जिसमें से एक बूढ़ी गंगा है। इसी के बाएँ किनारे पर बँगलादेश की राजधानी ढाका नगर बसा हुआ है। ढाका की मलमल प्रसिद्ध है। एक और नदी लखियार नाम की है, जिसके किनारे नारायणगंज है। एक तीसरी ढोलेश्वरी नदी है। ये तीनों नदियाँ

मुंशीगंज के कुछ पहले ही मिल जाती हैं और मुंशीगंज में मेघना से मिलकर आगे बढ़ती हैं और राजवाड़ी में पद्मा (गंगा) की धारा से मिलकर एक सागर का रूप धारण करती हैं और इसी रूप में बंगाल की खाड़ी में विलीन होने के पहले सुंदरवन नामक विशाल डेल्टा का निर्माण करती हैं।

□

जल प्रदूषण : समस्या और समाधान

प्राचीन समय में गंगा का जल ग्रहण क्षेत्र घने जंगलों से ढके होने के कारण सुरक्षा और हरियाली के लिए विख्यात था, परंतु पिछले कुछ दशकों में जंगलों की अंधाधुंध कटाई हुई है, जिसके परिणामस्वरूप पहाड़ों से मिट्टी की उपजाऊ ऊपरी परत बहकर नदी में आ जाती है और फिर सागर में चली जाती है। अनुमान है कि गंगा के जल ग्रहण क्षेत्रों के प्रत्येक वर्ग किलोमीटर क्षेत्र से तीन टन मिट्टी बह जाती है।

नदी में जमी रेत के निरंतर बढ़ते स्तर से नदी की गहराई कम हो जाती है, जिसके कारण बाढ़ आ जाती है और नमी के मौसम में प्रवाह एकदम ठहर जाता है। इसके परिणामस्वरूप देश के बहुत से भागों में बरसात के मौसम में बाढ़ और बे-मौसम में सूखा तो गंगा की कहानी बन गई है।

गंगा कार्य योजना

दिसंबर 1984 में पर्यावरण विभाग ने स्वीकृत रिपोर्ट के आधार पर गंगा के प्रदूषण की समस्या से निपटने के लिए एक कार्य योजना तैयार की। इस योजना में नदी के किनारे बसे प्रथम श्रेणी के 27 शहरों में घरेलू गंदगी को गंगा के बजाय किसी और स्थान पर इकट्ठा करने और उसे साफ करने की व्यवस्था की गई। 5 फरवरी, 1985 को तत्कालीन प्रधानमंत्री श्री राजीव गांधी ने राष्ट्र को संबोधित करते हुए

यह घोषणा की, ''गंगा भारत की प्रतीक है, हमारी पौराणिक कथाओं व कविताओं का स्रोत है तथा लाखों लोगों की पोषक है। आज यह सर्वाधिक प्रदूषित नदियों में से एक है। हम गंगा की प्राचीन पवित्रता को फिर से कायम करेंगे?''

इस घोषणा के एक माह के भीतर ही केंद्रीय गंगा प्राधिकरण का गठन हो गया। जून 1985 में पर्यावरण विभाग में इस कार्यक्रम के संचालन के लिए एक अलग से अनुभाग बना दिया गया। सातवीं पंचवर्षीय योजना में इस कार्य के लिए 240 करोड़ रुपए का प्रावधान किया गया। फिर 2001 में कार्यक्रम की विभिन्न योजनाओं को पूरा करने के वास्ते 663 करोड़ की राशि योजना चरण-2 के लिए दी गई थी।

कार्य योजना का उद्‌देश्य

संक्षेप में इस योजना के अतंर्गत इस नदी में मिल रहे गंदे पानी को साफ करने के लिए दूसरे स्थानों पर ले जाकर उसे मूल्यवान ऊर्जा स्रोतों में बदलने का प्रस्ताव है। उदाहरणार्थ, गंदे पानी को साफ करके मछली पालन के तलाबों व अन्य जलचरों के जलाशयों, सिंचाई और 'बायो-इलेक्ट्रिसिटी' के उत्पादन में प्रयोग किया जा सकता है।

परियोजना को कार्यान्वित करने के लिए एक अनूठा संगठन राष्ट्रीय नदी संरक्षण निदेशालय तैयार किया गया है। ऐसी योजनाएँ राज्य सरकार की एजेंसियों द्वारा बनाई और कार्यान्वित की जाती हैं। योजनाओं के अनुमोदन, धन देने और कार्यक्रमों की निगरानी की जिम्मेदारी गंगा परियोजना निदेशालय की है।

गंगा कार्य योजना के अंतर्गत प्रस्तावित विभिन्न योजनाओं का उद्‌देश्य गंगा के प्रदूषण में कम-से-कम 75 प्रतिशत की कमी करना था। अब योजना के चरण-2 के बाद राष्ट्रीय संरक्षण निदेशालय कार्य करता है।

राष्ट्रीय नदी संरक्षण निदेशालय की भूमिका

यह निदेशालय राज्य सरकारों को सहायता देकर नदी संरक्षण कार्य योजना को क्रियान्वित करने का कार्य करता है। इसका मुख्य उद्देश्य नदियों में प्रदूषण को रोकने के प्रभावी उपायों को लागू करना है। इसके प्रमुख कार्यों में नालों से निकलकर नदी में बह रहे कच्चे सीवेज को रोकने तथा शोधन का कार्य, शोधन संयंत्रों की स्थापना, स्वच्छ शौचालयों का निर्माण, विद्युत् शवदाह गृहों का निर्माण, नदी मुहाना विकास, नदी तटों पर वृक्षारोपण तथा लोगों में जागरूकता फैलाना शामिल हैं। इसके अंतर्गत हरिद्वार में प्रदूषण नियंत्रण, अनुसंधान स्थापना, पटना विश्वविद्यालय और विधानचंद्र कृषि विश्वविद्यालय के संयोग से 27 स्थानों पर गंगाजल की गुणवत्ता जाँच के लिए सूचना केद्रों की स्थापना की गई है।

प्रदूषित होती गंगाधारा

गंगा तटीय शहरः प्रदूषण की समस्या तथा समाधान

ऋषिकेश—ऋषिकेश में आकर गंगा मैदानों में प्रवेश करती है और यहीं से प्रदूषण की प्रक्रिया आरंभ होती है। लक्ष्मणझूला और स्वर्गाश्रम में नदी के किनारे बसे बहुत से आश्रमों और दूसरे भवनों का गंदा पानी और मैला बहकर सीधे नदी में मिलता था। तब अधिक गहराई पर सीवर बिछाया गया और गंदा पानी साफ करने के लिए दूसरी जगह ले जाया गया। ऋषिकेश में, जहाँ जल-मल निकास की व्यवस्था है, मायकुड़ में पंपों की मरम्मत की गई है और लक्कड़घाट में मौजूदा ऑक्सीकरण तालाबों को फिर से चालू किया गया है। मुनि की रेती में 2.6 किलोमीटर लंबी सीवर लाइन बिछाई गई। लक्ष्मणझूला में और अधिक 'सेप्टिक टैंक' बनाए गए हैं।

हरिद्वार—हरिद्वार हमारे पावनतम तीर्थस्थलों में से एक है, लोग इसे ईश्वर से मिलन का द्वार मानते हैं।

गंगा कार्य योजना के क्रियान्वित होने से पहले प्रतिदिन एक करोड़ 10 लाख लीटर जल-मल, हर की पौड़ी, सुभाष घाट और दूसरे पवित्र घाटों पर नदी में बहकर आता था। मायापुर और भीमगोड़ा के बेकार पंपघरों ने इस समस्या को और अधिक जटिल कर दिया था। भारत हैवी इलेक्ट्रिकल्स लिमिटेड से औद्योगिक गंदे जल की निकासी रोक दी गई। छह महीनों से भी कम समय में सीवर पाइपों की सफाई, बहुत सारे नए निकासी गड्ढों का निर्माण तथा पुरानों की मरम्मत कर दी गई। इस प्रकार ऋषिकेश से हरिद्वार तक गंगा के प्रदूषण को रोक दिया गया और लाखों श्रद्धालुओं ने निर्मल जल में श्रद्धा से डुबकी लगाई। गंगा कार्य योजना की यह एक महत्त्वपूर्ण उपलब्धि है। अब उत्तराखंड सरकार गंगा को साफ रखने के लिए विशेष ध्यान दे रही है, फिर भी प्रदूषण बढ़ता जा रहा है।

कानुपर—यह भारत के प्रचीन औद्योगिक नगरों में से एक है

तथा कपड़े, इंजीनियरिंग और चमड़े के उद्योगों का महत्त्वपूर्ण केंद्र है। औद्योगिकीकरण के आरंभिक दिनों में ही गंगा जल-मल निपटान के साथ परिवहन का माध्यम बन गई थी। आज कानपुर गंगा के किनारे दूसरा सबसे बड़ा शहर और उच्चस्तरीय तकनीकी शिक्षा का मुख्य केंद्र है, परंतु इसके बुनियादी ढाँचे में कोई परिवर्तन नहीं हुआ है। मुख्य शहर और आस-पास के इलाकों मे अंशतः सीवर सुविधा उपलब्ध है, परंतु अनेक के बंद हो जाने के कारण पूरी व्यवस्था की स्थिति अस्त-व्यस्त हो गई है। कूड़ा-कचरा और सीवर की गंदगी 13 बरसाती नालों से बहकर नदी में ही मिल जाती है। जजमाऊ का मुख्य सीवेज पंपिंग प्लांट घिस-पिट गया है। जजमाऊ और उसके आस-पास के 70 चर्म शोधनालयों और घरों का मिला-जुला अत्यधिक विषैला कूड़ा-कचरा भी नदी में जाता है। कुल मिलाकर उत्तर प्रदेश में कानपुर के आस-पास गंगा सबसे अधिक प्रदूषित है।

गंगा कार्य योजना के अंतर्गत जजमाऊ के पंपिंग स्टेशन की मरम्मत की गई है। सीवर के सुधार का कार्य भी हो चुका है। जाजमाऊ में चर्म शोधनालय क्षेत्र में कूड़े-कचरे के निपटान व गंदे पानी की निकासी की व्यवस्था में सुधार और चमड़े की सफाई के बाद बची गंदगी को साफ करने के लिए समन्वित सफाई योजना शुरू की गई है। नालों से गंदे पानी की निकासी को रोकने और सीवरों की सफाई/ मरम्मत के लिए चरणबद्ध कार्यक्रम पूरा हो गया है। कतिपय चर्मशोधी कारखानों (टेनरीज) को अलग हटाया गया है।

इलाहाबाद—इलाहाबाद या प्रयागराज में ही यमुना और गुप्त सरस्वती का संगम होता है। यहाँ औद्योगिक गंदगी की अपेक्षा घरेलू गंदगी की समस्या अधिक है। इस समस्या से निपटने के लिए गंगा कार्य योजना के अंतर्गत एक समयबद्ध कार्यक्रम 1988 में होनेवाले कुंभ मेले को ध्यान में रखते हुए तैयार किया गया था। गऊघाट के पंपिंग स्टेशन

का पुनरुद्धार किया गया। नैनी में एक जल–मल व्ययन संयंत्र (सीवेज ट्रीटमेंट प्लांट) का निर्माण किया गया। बड़े पैमाने पर सीवरों की सफाई और मरम्मत का काम भी पूरा किया गया था।

वाराणसी—दुनिया के प्राचीनतम शहरों में से एक वाराणसी हमेशा से धर्म और दर्शन, संगीत, नृत्य–कला और शिल्प तथा उच्च शिक्षा के मुख्य केंद्र के रूप में विख्यात रहा है। दुर्भाग्यवश यह गंगा में प्रदूषण का प्रमुख स्रोत भी है। उत्तर प्रदेश में गंगा के कुल प्रदूषण का लगभग 23 प्रतिशत वाराणसी में ही है।

वाराणसी में 400 कि.मी., लंबी जल–मल निकासी व्यवस्था 75 वर्ष से भी अधिक पुरानी है और इसकी अधिकांश भूमिगत नालियाँ 200 से 300 वर्ष पूर्व बनी थीं। यह पुरानी जल–मल निकास प्रणाली शहर और इसकी आबादी में तेजी से हुई वृद्धि के कारण बिल्कुल समाप्त सी हो गई है।

वाराणसी नगर गंगा कार्य योजना का केंद्र–बिंदु है। वाराणसी के समन्वित नगर विकास कार्यक्रम का मुख्य उद्देश्य नदी, नदी तट और शहर की समस्याओं का समाधान करना है, क्योंकि ये समस्याएँ दैनिक जीवन का अभिन्न अंग बन गई हैं। यहाँ तीन प्रमुख सीवर उपचार संयंत्र बने हैं, जिनमें से दो बनारस हिंदू विश्वविद्यालय और डी.एल. डब्ल्यू. में हैं और तीसरा कोनिया–दानापुर में स्थित है। घाटों पर बने सीवेज पंपिंग स्टेशनों को ठीक कर दिया गया है। सीवर व्यवस्था की मरम्मत और सफाई का कार्य व्यापक रूप से चल रहा है। कई घाटों पर जन सुविधाओं में सुधार हुआ है और सुलभ शौचालयों की व्यवस्था की गई है। पुराने तालाबों और कुंडों की पुनः खुदाई की जा रही है। कूड़ा–करकट इकट्ठा करने और उसके निपटान की व्यवस्था में बड़े पैमाने पर सुधार किया गया है। मनुष्य और पशुओं के शव को गंगा में फेंकने की समस्या से निपटने के लिए विशेष प्रबंध किए गए हैं।

उल्लेखनीय है कि 2014 से प्रधानमंत्री मोदी के निर्वाचन क्षेत्र होने के कारण वाराणसी पर विशेष ध्यान दिया गया है।

हाल के वर्षों में इस ऐतिहासिक शहर की हालत सुधारने के लिए संकल्पित और बहुआयामी प्रयास किया गया है।

पटना—भारत की दूसरी महान् और प्राचीन नगरी पाटलिपुत्र से बना पटना शहर आज बिहार की राजधानी है। अब इसकी आबादी 50 लाख से अधिक है, यहाँ प्रदूषण का मुख्य स्रोत शहर की जल-मल निकासी व्यवस्था है। प्रतिदिन करीब 5 करोड़ लीटर जल-मल नदी में जाता है। एक बहुत बड़ा जल-मल निपटान संयंत्र सैयदपुर पटना में बनाया गया था। गंगा कार्य योजना के अंतर्गत जिसके जीर्णोद्धार को उच्च प्राथमिकता दी गई तथा संयंत्र को जून 1986 में दोबारा चालू कर दिया गया। इस प्रकार बेऊर में एक दूसरे संयंत्र को ठीक करके चालू कर दिया गया। गंगा कार्य योजना की आर्थिक मदद से 'राज्य जल-मल बोर्ड' ने शहर के विभिन्न भागों में पंप हाउस और मुख्य सीवरों की मरम्मत और निर्माण का कार्य भी आरंभ कर दिया है। नदी तट विकास की एक विशाल योजना भी शुरू कर दी गई है। बिहार में छपरा, मुँगेर और भागलपुर शहरों में भी गंगा कार्य योजना के अंतर्गत प्रदूषण-रोधी कार्य पूरे किए गए हैं।

कोलकाता—कोलकाता महानगर में विकास और प्रदूषण एक-दूसरे के पर्याय बन गए हैं। विख्यात लौहपुल हावड़ा ब्रिज से जुड़े कोलकाता और हावड़ा के अलावा 37 शहर और छोटे-बड़े करीब 150 कारखाने गंगा का उपयोग जल-मल निकासी के लिए करते हैं। यहाँ गंगा हुगली नदी के नाम से पुकारी जाती है। अनुमानतया प्रतिदिन 37 टन कूड़ा-करकट तो केवल कारखानों से निकलता है, जो प्रदूषण का एक बड़ा कारण है।

कोलकाता महानगर विकास प्राधिकरण और पश्चिम बंगाल

सरकार की दूसरी एजेंसियों ने समस्याओं से निपटने के लिए बहुत सारी योजनाएँ बनाई हैं और इनमें से कई योजनाओं पर तो काम शुरू हो गया है। टीटागढ़, भाटपाड़ा, चंदरनगर और सीरामपुर में जल-मल निकासी व्यवस्था और मौजूदा निपटान संयंत्र (ट्रीटमेंट प्लांट) का सुधार कार्य हो चुका है। कोलकाता शहर और उसके आस-पास के इलाके के लिए नई सीवर सुविधाएँ उपलब्ध कराने और जल-मल निपटान की योजना पूरी हो गई है। 12 नगरों में कम खर्च वाली सफाई योजनाओं का काम अब पूरा हो गया है। नदी के समीप महत्त्वपूर्ण स्थानों पर एक दर्जन शवदाह गृहों का निर्माण हुआ है। त्रिवेणी दक्षिणेश्वर और दूसरे स्थानों पर नदी-तट विकास योजनाओं का कार्य पूरा हो गया है।

ऐतिहासिक बहरामपुर और नाबाद्वीप शहरों में भी गंगा कार्य योजना के अंतर्गत कार्यक्रम आरंभ किए गए हैं। फिर भी जल प्रदूषण से कोलकाता की हालत चिंताजनक बनी हुई है। महानगर में की जा रही जल आपूर्ति भी संकटग्रस्त है। ऐसा अनुमान है कि दूषित पेयजल के कारण यहाँ के साठ प्रतिशत से अधिक निवासियों के पेट में गड़बड़ी तथा जल जन्य बीमारियाँ पैदा करती हैं।

गंगा प्रदूषण नियंत्रण अभियान के अंतर्गत राज्य सरकार के साथ भारत सरकार की संस्था केंद्रीय प्रदूषण नियंत्रण बोर्ड भी सतर्क है। इस आधार पर उम्मीद की जाती है कि पवित्र नदी गंगा में हो रहे प्रदूषण पर यथाशीघ्र नियंत्रण संभव हो सकेगा।

दूसरी ओर स्थिति अत्यंत विडंबनापूर्ण लगती है। गौर करें, गंगा कार्य योजना 1985 में आरंभ हुई, इसे सन् 1990 तक पूरा होना था, इसे 2000 तक विस्तार दिया गया। पुनः इसे कई बार विस्तार देकर 2008 में इसकी प्रगति पर उच्चस्तरीय विचार किया गया, जिससे पता चला कि इस योजना की शुरुआत के बाद गंगा के प्रदूषण स्तर में कमी नहीं, बल्कि 28 प्रतिशत की वृद्धि हो गई है, किंतु 2014 में आई मोदी

सरकार ने नए विभाग का गठन कर विशेष ध्यान दिया है।

ऐसी प्रतिकूल परिस्थिति में सरकार ने इस मामले में गंभीरता से विचार किया तथा अंततोगत्वा समस्या के समुचित निवारण के लिए गंगा को राष्ट्रीय नदी घोषित किया गया है, साथ ही गंगा कार्य योजना के चरण-2 के उपरांत भारत सरकार ने राष्ट्रीय नदी संरक्षण निदेशालय का गठन कर इस मामले में प्रभावी कार्यक्रमों की शुरुआत की है।

गंगा संरक्षण प्रगति और उपलब्धियाँ तथा वर्तमान स्थिति

- केंद्रीय मंत्रिमंडल ने 'नमामी गंगे' कार्यक्रम के तहत हाइब्रिड प्रवासी के वार्षिक वृत्ति आधार पर सार्वजनिक निजी भागीदारी (पीपीपी) मॉडल के प्रस्ताव को अपनी मंजूरी दे दी थी। इसका उद्देश्य भारत में अपशिष्ट जल-क्षेत्र में सुधार लाना है।
- नमामी गंगे कार्यक्रम को लागू करने में तेजी लाने की दिशा में एक प्रमुख पहल के रूप में गंगा टास्क फोर्स बटालियन की पहली कंपनी को गढ़मुक्तेश्वर में तैनात किया गया था।
- नमामी गंगे कार्यक्रम के एक हिस्से के रूप में भारत सरकार ने प्रवासी भारतीयों, अनिवासी भारतीयों, भारतीय मूल के व्यक्तियों, संस्थाओं और कॉरपोरेट्स को गंगा संरक्षण में योगदान देने हेतु प्रोत्साहित करने के लिए 'स्वच्छ गंगा कोष' की स्थापना की। 4 मार्च, 2016 तक स्वच्छ गंगा कोष में कुल 87.69 करोड़ रुपए का योगदान प्राप्त हुआ।
- नमामी गंगे कार्यक्रम के तहत गंगा संरक्षण के लिए एक कार्यान्वयन समझौते पर 16 अप्रैल, 2016 को जल संसाधन मंत्रालय, नदी विकास और गंगा संरक्षण तथा जर्मन इंटरनेशनल कॉरपोरेशन जी.आई.जेड. के बीच नई दिल्ली में हस्ताक्षर किए गए थे।

- जल-संसाधन, नदी विकास और गंगा संरक्षण मंत्रालय के तहत स्वच्छ गंगा राष्ट्रीय मिशन ने इंडियन इंस्टीट्यूट कानपुर (आई.आई.टी.के.) के सहयोग से गंगा नदी बेसिन प्रबंधन और अध्ययन केंद्र (सी.जी.आर.बी.एम.एस.) की नई दिल्ली में औपचारिक शुरुआत की घोषणा की।
- कुल 808.23 एम.एल.डी. क्षमतावाली 34 परियोजनाओं के तहत एन.जी.आर.बी.ए. कार्यक्रम की शुरुआत से अब तक गंगा बेसिन राज्यों में 41 सीवेज उपचार संयंत्र विकास/पुनर्वास स्वीकृत किए गए।
- राष्ट्रीय गंगा नदी बेसिन प्राधिकरण (एन.जी.आर.बी.ए.) की अधिकार प्राप्त संचालन समिति (ई.एस.सी.) ने घाटों और शमशान घाटों के विकास के लिए परियोजनाओं को मंजूरी दे दी है। इन परियोजनाओं की कुल अनुमानित लागत 2446 करोड़ रुपए है।
- जल-संसाधन, नदी विकास और गंगा संरक्षण मंत्रालय ने गंगा अधिनियम मसौदा तैयार करने के लिए एक समिति का गठन किया है। न्यायमूर्ति श्री गिरधर मालवीय (सेवानिवृत्त) को इस समिति का अध्यक्ष नियुक्त किया गया।
- राष्ट्रीय गंगा नदी बेसिन प्राधिकरण (एन.जी.आर.बी.ए.) की अधिकार प्राप्त संचालन समिति ने लगभग 400 करोड़ रुपए लागत की विभिन्न परियोजनाओं में अपनी मंजूरी दी है।
- जल-संसाधन, नदी विकास और गंगा संरक्षण मंत्रालय ने नमामी गंगे कार्यक्रम के शीघ्र कार्यान्वयन के लिए कृषि और किसान कल्याण मंत्रालय के साथ दिल्ली में एक समझौता ज्ञापन पर हस्ताक्षर किए।
- केंद्रीय मंत्रिमंडल ने गंगा नदी (संरक्षण, सुरक्षा और प्रबंधन)

प्राधिकरण आदेश 2016 में ही मंजूरी दे दी है। इस आदेश में त्वरित तरीके से नीति और कार्यान्वयन के लिए एक नए संस्थागत ढाँचे का प्रावधान किया गया है और राष्ट्रीय स्वच्छ मिशन को स्वतंत्र और जवाबदेह तरीके से अपने कार्य का निर्वहन करने के लिए सशक्त बनाया गया है।

- मंत्रालय ने पेयजल और स्वच्छता मंत्रालय को चालू वित्त वर्ष के दौरान स्वच्छ भारत मिशन (ग्रामीण) के तहत गंगा कार्य योजना को लागू करने के लिए 315 करोड़ रुपए की राशि जारी की है।
- सरकार ने जापान इंटरनेशनल कॉरपोरेशन एजेंसी (जे. आई.सी.ए.) द्वारा दिए गए विकासात्मक ऋणों के रूप में यमुना की परियोजनाओं के लिए 496.90 करोड़ रुपए राशि की वित्तीय सहायता का लाभ उठाया।

30 सितंबर, 2016 के अनुसार नमामी गंगे कार्यक्रम के तहत 128 परियोजनाएँ (एन.जी.आर.बी.ए. कार्यक्रम के तहत स्वीकृत मौजूदा परियोजनाओं सहित) स्वीकृत की गईं। इन परियोजनाओं की अनुमानित लागत 9419 करोड़ रुपए है।

जल संसाधन और नदी विकास

- केंद्रीय जल संसाधन, नदी विकास और गंगा संरक्षण मंत्री ने घोषणा की है कि जल मंथन सम्मेलन अब प्रतिवर्ष आयोजित किया जाएगा।
- 'सतत जल प्रबंधन के लिए एकीकृत दृष्टिकोण' विषय पर जल मंथन-2 सम्मेलन, नई दिल्ली में 24 फरवरी, 2016 को आयोजित किया गया था। फिर मंथन-3, 2017 में हुआ।
- मौजूदा बाँध पुनर्वास और सुधार परियोजना (डी.आर.आई.

पी.) से सीखे गए सबक पर एक कार्यशाला का 2016 को नई दिल्ली में आयोजन किया गया था।

- जल संसाधन मंत्रालय के लिए संसाधनों का कुल आबंटन 2015–16 में 7,431 करोड़ रुपए था। इसे बजटीय सहायता और बाजार उधारी के माध्यम से केंद्रीय बजट में वर्ष 2016–17 में बढ़ाकर 12,517 करोड़ रुपए कर दिया गया। यह आबंटन में 168 प्रतिशत से अधिक की वृद्धि दरशाता है।
- भारत जल सप्ताह के चौथे संस्करण का 4 से 8 अप्रैल, 2016 तक आयोजन किया गया। इसका उद्घाटन जल संसाधन, नदी विकास और गंगा संरक्षण मंत्री ने नई दिल्ली में किया था।
- जल फिल्म महोत्सव का नई दिल्ली में वॉटर एक्सपो 2016 के अवसर पर 8 मार्च, 2016 को आयोजन किया गया था। पुनः 2017 में आयोजित हुआ।
- सरकार ने विश्व बैंक द्वारा दी गई 3,679.77 करोड़ रुपए सहायता से एक बाह्य सहायता प्राप्त परियोजना के रूप में केंद्रीय क्षेत्र योजना के तहत राष्ट्रीय जल विज्ञान परियोजना को मंजूरी दी थी।
- केंद्रीय जल संसाधन, नदी विकास और गंगा संरक्षण मंत्री ने साहिबगंज, झारखंड में 13 मई, 2016 को गंगा नदी के संरक्षण के लिए नमामी गंगे कार्यक्रम के तहत ग्रामीण स्वच्छता पहलों के लिए नौ परियोजनाओं का शुभारंभ किया था।
- प्रधानमंत्री श्री नरेंद्र मोदी ने अफगानिस्तान के राष्ट्रपति डॉ. अशरफ गनी के साथ 10 जून, 2016 को पश्चिमी अफगानिस्तान के हेरात प्रांत के चिस्त–ए–शरीफ में

अफगान-भारत मैत्री बाँध (सलमा बाँध) का संयुक्त रूप से उद्घाटन किया था।

- केंद्रीय जल संसाधन, नदी विकास और गंगा संरक्षण मंत्री ने महानदी बेसिन में विभिन्न जल संसाधन मुद्दों/परियोजनाओं पर विचार करने के लिए नई दिल्ली में ओडिशा और छत्तीसगढ़ की सरकारों के प्रतिनिधियों की एक बैठक बुलाई थी। इस बैठक का आयोजन केंद्रीय जल संसाधन, नदी विकास और गंगा संरक्षण मंत्री द्वारा 26 जुलाई, 2016 को संसद् में दिए गए आश्वासन के अनुपालन में किया गया था।
- सरकार ने नमामी गंगे कार्यक्रम के तहत 'गंगा ग्राम' नामक नई पहल की शुरुआत की है। इस कार्यक्रम के तहत स्थायी स्वच्छता के बुनियादी ढाँचे और साफ-सफाई प्रक्रियाओं के विकास से गाँवों को मॉडल गाँवों के रूप में विकसित किया जाएगा। पहले चरण में सरकार ने 306 गाँवों में गंगा ग्राम पहल की शुरुआत कर दी है।
- जल संसाधन, नदी विकास और गंगा संरक्षण मंत्री ने वीडियो कॉन्फ्रेंस के माध्यम से दस महत्त्वपूर्ण शहरों में स्मार्ट गंगा नगर योजना का शुभारंभ किया। ये शहर हैं—हरिद्वार, ऋषिकेश, मथुरा, वृंदावन, वाराणसी, कानपुर, इलाहाबाद, लखनऊ, पटना, साहिबगंज और बैरकपुर।
- केंद्रीय जल संसाधन मंत्री, नदी विकास और गंगा संरक्षण ने कानपुर में गंगा बैराज पर नमामी गंगे कार्यक्रम के तहत 560 करोड़ रुपए लागत की विभिन्न परियोजनाओं की शुरुआत की।
- जल संसाधन, नदी विकास और गंगा संरक्षण मंत्रालय ने बेसिन की जमीनी हकीकत का आकलन करने के लिए

कावेरी बेसिन का दौरा करने हेतु एक उच्च स्तरीय तकनीकी टीम का गठन किया था। केंद्रीय जल आयोग के अध्यक्ष श्री जी.एस. झा को इस टीम का अध्यक्ष नियुक्त किया गया।

- त्वरित सिंचाई लाभ कार्यक्रम (ए.आई.बी.पी.) के तहत 99 प्राथमिकता वाली सिंचाई परियोजनाओं के लिए केंद्रीय सहायता के रूप में राज्यों को 1500 करोड़ रुपए की पहली किस्त जारी की गई।

□

बाढ़ नियंत्रण की वास्तविकता

गंगा बाढ़ नियंत्रण आयोग की भूमिका

गंगा बाढ़ नियंत्रण आयोग अपने पटना स्थित मुख्यालय के साथ 1972 से स्थापित है। आयोग का एक अध्यक्ष है और इसके दो पूर्णकालिक सदस्य और एक अन्य सहायक अधिकारी और कर्मचारी हैं। संबंधित केंद्रीय मंत्रालयों और विभागों के प्रतिनिधि तथा गंगा बेसिन राज्यों के मुख्य इंजीनियर इसके अंशकालीन सदस्य/स्थायी रूप से आमंत्रित सदस्य होते हैं।

आयोग को निम्नलिखित कार्य सौंपे गए हैं—

- गंगा बेसिन में नदी प्रणालियों के बाढ़ प्रबंधन हेतु व्यापक योजनाओं को तैयार और अद्यतन करना;
- बेसिनवार योजनाओं में शामिल कार्यों के कार्यान्वयन कार्यक्रम की चरणबद्धता/क्रमवारता;
- गंगा बेसिन राज्यों नामतः पश्चिम बंगाल, बिहार, झारखंड, उत्तर प्रदेश, छत्तीसगढ़, मध्य प्रदेश, दिल्ली, हरियाणा, हिमाचल प्रदेश और राजस्थान को बाढ़ प्रबंधन संबंधी तकनीकी मार्गदर्शन देना;
- ताजेवाला से ओखला बैराज तक के हिस्से में यमुना नदी पर हरियाणा, उत्तर प्रदेश और दिल्ली राज्यों की स्कीमों को छोड़कर 12.5 करोड़ रुपए से अधिक 25.0 करोड़ रुपए

तक की अनुमानित लागत से गंगा बेसिन राज्यों की बाढ़ प्रबंधन स्कीमों को तकनीकी–आर्थिक स्वीकृति देना। 25.0 करोड़ रुपए से अधिक की अनुमानित लागतवाली स्कीमों का मूल्यांकन जी.एफ.सी.सी. करता है और उनकी तकनीकी–आर्थिक स्वीकृति जल संसाधन मंत्रालय की तकनीकी सलाहकार समिति (टी.ए.सी.–एम.ओ.डब्ल्यू.आर.) देता है।

- महत्त्वपूर्ण बाढ़ नियंत्रण स्कीमों, विशेषकर, जिन्हें बाढ़ प्रबंधन कार्यक्रम के अंतर्गत केंद्रीय सहायता दी जा रही है अथवा जो केंद्रीय क्षेत्र के अंतर्गत निष्पादित की जा रही है, के निष्पादन की निगरानी।
- सड़क और रेल पुलों के नीचे मौजूदा जलमार्गों की पर्याप्त और जल निकासी अवरोधों को संभव सीमा तक कम करने के लिए आवश्यक अतिरिक्त जलभागों का आकलन।
- अंतरराज्यीय बाढ़ नियंत्रण स्कीमों सहित राज्यों द्वारा निष्पादित प्रमुख बाढ़ नियंत्रण उपायों का निष्पादन मूल्यांकन।

फरक्का बाँध

कोसी और गंडक परियोजनाओं के बाढ़ सुरक्षा कार्यों का अनुरक्षण

कोसी और गंडक नदी पर बाढ़ सुरक्षा कार्यों, क्रमशः प्रत्येक बाढ़ के मौसम के बाद स्थलीय निरीक्षण और कोसी उच्च स्तर समिति और गंडक उच्च स्तरीय समिति की सिफारिशों के आधार पर किए जा रहे हैं, नेपाल के हिस्से में किए गए बाढ़ सुरक्षा कार्यों के अनुरक्षण पर होनेवाले खर्चों की प्रतिपूर्ति भारत सरकार द्वारा बिहार सरकार से कोसी नदी के विषय में और उत्तर प्रदेश सरकार से गंडक नदी के विषय में धन के उपयोग का प्रमाण-पत्र प्राप्त होने के बाद की जाती है।

बाढ़ प्रबंधन संबंधी व्यापक योजना

गंगा बेसिन की सभी 23 नदी प्रणालियों के लिए बाढ़ प्रबंधन संबंधी द्वार व्यापक योजनाएँ पहले ही तैयार कर ली गई थीं। इन व्यापक परियोजनाओं को अद्यतन करने का निर्णय उत्तरवर्ती वर्षों में बेसिन जल मौसम-विज्ञानीय, परिवर्तन अतिरिक्त सूचना/आँकड़ा और स्थलाकृति विज्ञान की वजह से लिये गए हैं। नदी प्रणाली की व्यापक परियाजनाओं को अद्यतन कर लिया गया है। 5 परियोजनाओं का द्वितीय अद्यतन कार्य पूरा हो चुका है, कोसी और रूपनारायण-हल्दी-रसूलपुर की व्यापक योजन को अद्यतन करने का कार्य प्रगति पर है।

बाढ़ प्रबंध स्कीमों की मॉनिटरिंग

आयोग लगभग 138 बाढ़ प्रबंधन स्कीमों का प्रबोधन कर रहा है, जिसमें अन्य बातों के साथ-साथ इन बिंदुओं पर विचार किया गया—

- जल संसाधन, नदी विकास और गंगा संरक्षण मंत्रालय के बाढ़ प्रबंधन कार्यक्रम के तहत सहायता प्राप्त 114 बाढ़ प्रबंधन स्कीमों पर।

- नेपाल में कोसी और गंडक परियोजनाओं के बाद सुरक्षा कार्यों के रख-रखाव संबंधी 2 स्कीमों पर।
- 3 स्कीमों नामत: नेपाल से लालबकिया, कमला और बागमती के साथ तटबंधों का विस्तार।

बाढ़ प्रबंध स्कीमों का मूल्यांकन

गंगा बेसिन राज्यों की बाढ़ प्रबंधन स्कीमों का तकनीकी-आर्थिक मूल्यांकन आयोग की एक नियमित गतिविधि है। गंगा बेसिन राज्यों से पिछले वर्ष से आगे लाई गई परियोजनाओं सहित 57 बाढ़ प्रबंधन स्कीमें प्राप्त हुई थीं, जिनमें से 17 स्कीमों को तकनीकी-आर्थिक स्वीकृति प्रदान कर दी गई और 34 स्कीमों को अनुसरण हेतु जारी कर दिया गया और शेष की जाँच की जा रही है।

गंगा बाढ़ नियंत्रण आयोग

गंगा बाढ़ नियंत्रण आयोग की स्थापना की लागत उपर्युक्त योजना स्कीमों से पूरी की जाती है।

फरक्का बैराज

कोलकाता पत्तन के संरक्षण और अनुरक्षण तथा भागीरथी हुगली में नौगम्यता सुधार के लिए फरक्का बैराज परियोजना 1975 में प्रारंभ की गई थी। फरक्का बैराज परियोजना में पश्चिम बंगाल के मुर्शिदाबाद जिले में फरक्का में गंगा नदी पर 2225 मीटर लंबा बैराज, फीडर नहर में जल डाईवर्ट करने के लिए फरक्का में नहर हेड रेग्यूलेटर, 38.38 किलोमीटर लंबी फीडर नहर और भागीरथी और हुगली नदी प्रणाली पर जांगपुर बैराज के साथ-साथ फरक्का में गंगा पर सड़क/सह, रेल पुल, फरक्का जांगीपुर और कालींदरी में नौवहन, लॉक्स, फीडर नहर पर सड़क/सह, रेल पुल, 4000 बस्तियोंवाले फरक्का, अहिरान और

खेलुरियाघाट का शहरीकरण शामिल है। इसके अनुषंगी कार्यों में बाढ़ तटबंध, उपांत बंध, जलोत्थान बंध और निदर्शक बंध शामिल हैं।

फरक्का बैराज प्राधिकरण को निम्नलिखित प्रमुख जिम्मेदारियाँ दी गई हैं—

- मुख्य बैराज का प्रचालन एवं अनुरक्षण
- मुख्य बैराज पर 112 फुट गेट (109 खाड़ियों में)
- हैड रेगुलेटर पर 11 गेट
- जांगीपुर बैराज पर 15 गेट
- नौवहन लॉक गेट/रेगुलेटर
- बैराज के प्रति प्रवाह और अनुप्रवाह में 'एप्रैन' तथा नदी तल के सुरक्षात्मक उपाय।
- बैराज की सुरक्षा के लिए बैराज की आनुषंगिक संरचनाओं, जैसे सीमांत बंध, एफलक्स बंध, निरीक्षण सड़क, रेगुलेटर, नौवहन लॉक, कल्वर्ट गाइड बंध आदि के साथ-साथ 120 कि.मी. के बढ़े हुए कार्य क्षेत्र में अनुरक्षण एवं सुरक्षात्मक कटावरोधी कार्य।
- सभी सिविल, मैकेनिकल और इलेक्ट्रिकल संरचनाओं के अनुसंरक्षण सहित फरक्का आवासीय कॉलोनी, खेजुरिया घाट, आवासीय कॉलोनी, जांगीपुरा बैराज कॉलोनी, कालिंदी लॉक पर स्थित कॉलोनी का अनुरक्षण।

चूँकि फरक्का के गेट उनकी आर्थिक आयु और सर्विस की क्षमता की दृष्टि से निर्धारित समय पूरी कर चुके हैं, इसलिए आयोग द्वारा मुख्य बैराज और हेड रेगुलेटर के सभी गेटों, रिमोट कंट्रोल प्रणाली आदि का चरणवार प्रतिस्थापन किया जा रहा है। अब तक फरक्का बैराज के 36 गेट बदले गए हैं और अन्य गेटों के बदलने का कार्य जारी है।

इसके अतिरिक्त गंगा/पद्मा नदी के गंभीर स्थितिवाले खंडों में

समय विशिष्ट कटावविरोधी एवं तट सुरक्षा कार्य सफलतापूर्वक पूरा करने के साथ आयोग प्राधिकरण क्षेत्र में स्थानीय लोगों के जीवन एवं आजीविका को बाढ़ से पर्याप्त सुरक्षा देने के अतिरिक्त फरक्का बैराज की सुरक्षा सुनिश्चित करने में सक्षम रहा है। उपर्युक्त के अतिरिक्त फरक्का बैराज परियोजना भारत और बांग्लादेश के बीच गंगाजल की हिस्सेदारी के संबंध में भारत-बांग्लादेश गंगाजल संधि 1996 के कार्यान्वयन को सुविधाजनक बना रही है।

फरक्का पर गंगा की सहायक नदियों के जल की हिस्सेदारी संबंधी संधि

फरक्का पर गंगा की सहायक नदियों के जल की हिस्सेदारी के लिए 12 दिसंबर, 1996 को भारत के प्रधानमंत्री और बांग्लादेश द्वारा एक संधि पर हस्ताक्षर किए गए थे। संधि के अनुसार प्रत्येक वर्ष 1 जनवरी से 31 मई तक की अवधि के दौरान फरक्का (जो भारत में गंगा नदी का अंतिम नियंत्रण बिंदु है) पर संधि में दिए गए फॉर्मूले के अनुसार 10 दिन के आधार पर शेयर किया जा रहा है, संधि की वैधता 30 वर्ष तक की है।

फरक्का पर गंगा

संधि के अनुसार जल के बँटवारे की निगरानी दोनों पक्षों की ओर से सदस्य की अध्यक्षता वाली संयुक्त समिति द्वारा की जा रही है। इस संयुक्त समिति की 59वीं और 60वीं बैठक कोलकाता और पाब्ना (बांग्लादेश) में क्रमशः जनवरी, 2015 और अप्रैल 2015 में हुई। यह संधि 1997 से दोनों देशों की संतुष्टि के अनुसार कार्यान्वित की जा रही है।

□

राष्ट्रीय परिप्रेक्ष्य योजना गंगा-कावेरी संपर्क

स्वतंत्रता की प्राप्ति के समय देश की आबादी लगभग 400 मिलियन थी तथा खाद्यान्न की अत्यंत कमी थी। उस समय देश की सिंचाई क्षमता केवल 20 मिलियन हेक्टेयर थी। स्वतंत्रता के बाद सतही तथा भू-जल दोनों के उपयोग तथा विकास के लिए सिंचाई के व्यापक कार्यक्रम प्रारंभ किए गए थे। इससे भारत में हरित क्रांति आई, जिससे हमारा देश खाद्यानों की कमी से खाद्यान्नों की आत्मनिर्भरता की श्रेणी में आ गया। इन व्यापक प्रयासों से वर्ष 1979 तक देश का कुल सिंचाई क्षेत्र बढ़कर 57 मिलियन हेक्टेयर हो गया, इसमें उच्च पैदावार देनेवाली किस्मों तथा खादों का अधिक प्रयोग अहम है। इसी दौरान देश की खाद्यान्न पैदा करने की क्षमता में 125 मिलियन टन से 130 मिलियन टन की बढ़ोतरी हुई। फिर भी खाद्यान्न उत्पादन की दर आबादी की वृद्धि दर के मुकाबले उसके मात्र बराबर हो पाई।

कृषि तथा मनुष्य की जिंदगी में जल का महत्त्वपूर्ण योगदान है। अतः जल का इष्टतम उपयोग आवश्यक है। देश के जल संसाधनों के दोहन के उद्‌देश्य से, 1972 में डॉ. के.एल. राव, तत्कालीन सिंचाई मंत्री ने नदियों को आपस में जोड़ने का विचार गंगा को कावेरी नदी

से जोड़ने वाले प्रस्ताव द्वारा प्रस्तुत किया। तत्पश्चात् 1977 में कैप्टन दस्तूर ने हिमालय, मध्य और प्रायद्वीपीय भारत के चारों तरफ नहर माला बनाना प्रस्तावित किया। यद्यपि इन प्रस्तावों को समाज के सभी वर्गों से अच्छी प्रतिक्रियाएँ मिलीं, परंतु इन प्रस्तावों को तकनीकी और आर्थिक तौर पर क्रियान्वयन के लिए संभाव्य नहीं समझा गया।

जल संसाधन विकास में लगे कई महत्त्वपूर्ण व्यक्तियों द्वारा दरशाई गई सतत रुचि ने अंतरबेसिन जल अंतरण प्रस्तावों का और अधिक विस्तारपूर्वक अध्ययन करने के लिए प्रेरित किया। तत्कालीन सिंचाई मंत्रालय (अब जल संसाधन, गंगा संरक्षण मंत्रालय) तथा केंद्रीय जल आयोग ने 1980 में जल संसाधन विकास के लिए एक राष्ट्रीय परिप्रेक्ष्य योजना बनाई, जिसमें क्षेत्रीय असंतुलन को कम करने तथा उपलब्ध जल संसाधनों के इष्टतम उपयोग के लिए अधिशेष बेसिनों से जल की कमीवाले बेसिनों में जल का अंतरबेसिन अंतरण करने पर जोर दिया गया है।

राष्ट्रीय परिप्रेक्ष्य योजना में दो घटक–हिमालय नदी विकास तथा प्रायद्वीपीय नदी विकास शामिल हैं।

हिमालयी नदी विकास

हिमालयी नदी विकास में भारत, नेपाल तथा भूटान में गंगा एवं ब्रह्मपुत्र की प्रमुख सहायक नदियों पर भंडारण जलाशयों का निर्माण करने तथा गंगा की पूर्वी सहायक नदियों के अतिरिक्त प्रवाह को पश्चिम में पथांतरण करने के उद्‍देश्य से नदियों के अंतर्योजी तंत्र निर्माण और ब्रह्मपुत्र एवं उसकी सहायक नदियों को गंगा से तथा गंगा को महानदी से जोड़ने पर जोर दिया गया है।

प्रायद्वीपीय नदी विकास

प्रायद्वीपीय नदी विकास घटक को चार प्रमुख भागों में बाँटा गया है—

- **महानदी-गोदावरी-कृष्णा-कावेरी नदियों को आपस में जोड़ना तथा इन बेसिनों में संभावित स्थानों पर जलाशयों का निर्माण:**यह नदी तंत्रों को आपस में जोड़ने की सबसे बड़ी योजना है, जिसमें महानदी तथा गोदावरी के अतिरिक्त जल को कृष्णा तथा कावेरी नदियों के द्वारा दक्षिण में जल की आवश्यकता वाले क्षेत्रों को अंतरित करने का विचार है।

- **मुंबई के उत्तर में तथा तापी के दक्षिण में पश्चिमोवर्ती प्रवाही नदियों को आपस में जोड़ना** : इस योजना में इन धाराओं पर यथा संभावित संख्या में इष्टतम जलाशयों के निर्माण तथा उन्हें आपस में जोड़कर पर्याप्त मात्रा में जल उपलब्ध कराने पर जोर दिया गया है, जिससे कि उन क्षेत्रों में जल अंतरित किया जा सके, जहाँ अतिरिक्त जल की आवश्यकता है। इस योजना में जल आपूर्ति नहर को मुंबई महानगरीय क्षेत्रों में ले जाने तथा महाराष्ट्र के तटीय क्षेत्रों को सिंचाई उपलब्ध करवाने का भी प्रबंध है।

- **केन-चंबल नदियों को आपस में जोड़ना** : इस योजना में मध्य प्रदेश, राजस्थान तथा उत्तर प्रदेश के लिए एक जल-ग्रिड तथा अंत: संयोजी नहर, जिसमें यथासंभव संख्या में जलाशय हों, का प्रावधान है।

- **अन्य पश्चिमोवर्ती प्रवाही नदियों का पथांतरण** : 'पश्चिमी घाटों' के पश्चिमी ओर भारी मात्रा में वर्षा से असंख्य धारा ये आती हैं, जो अरब सागर में गिरती हैं। केरल की सभी आवश्यकताओं की पूर्ति के लिए तथा कुछ जल पूर्व में स्थित सूखा-प्रभावित क्षेत्रों को अंतरण करने हेतु एक अंत:संयोजी नहर तंत्र के निर्माण की योजना बनाई जा सकती है, जिसमें पर्याप्त मात्रा में भंडारण जलाशय भी हों।

राष्ट्रीय परिप्रेक्ष्य योजना में जल अंतरण अधिकांशतः गुरुत्वाकर्षण (ग्रेविटी) के द्वारा है, लिफ्ट कम-से-कम रखी गई है, जो 120 मीटर तक ही सीमित है तथा बेसिन की निकट भविष्य की सभी आवश्यकताओं को पूरा करने के बाद बचे हुए अधिशेष जल को जल की कमी वाले क्षेत्रों में अंतरण करने की योजना तैयार की गई है।

□

नए बाँध–समस्या या समाधान?

अब भारत सरकार के अलग–अलग मंत्रालयों में ही गंगा नदी के ऊपरी इलाकों में नए बाँध बनाने की इजाजत को लेकर ठन गई है। जल संसाधन मंत्रालय ने पर्यावरण और बिजली मंत्रालयों की राय के ठीक उलट उच्चतम न्यायालय से कहा है कि उत्तराखंड में गंगा नदी के ऊपरी बहाव क्षेत्र में कोई भी नया बाँध नहीं बनाया जाना चाहिए।

पूर्व मंत्री उमा भारती की अगुवाई वाले जल संसाधन मंत्रालय ने उच्चतम न्यायालय कों सौंपे गए हलफनामे में कहा है कि अलकनंदा, मंदाकिनी और भागीरथी नदियों तथा देवप्रयाग से लेकर गंगासागर तक गंगा के रूप में जानी जानेवाली नदी को उसकी मौजूदा हालत में रहने देना चाहिए। मंत्रालय ने गंगा नदी के प्रवाह को किसी भी तरह से रोकने या बाधा डालने या रुख मोड़ने से परहेज करने की सिफारिश की है। जल संसाधन मंत्रालय का यह रुख राज्य सरकार के ही दो और मंत्रालयों की राय के ठीक उलट है। पर्यावरण मंत्रालय के अलावा बिजली मंत्रालय ने 100 साल पुराने एक समझौते का हवाला देते हुए गंगा नदी पर उत्तराखंड में नए बाँध बनाने पर किसी तरह का एतराज नहीं जताया है।

दोनों मंत्रालयों ने पिछले दिनों सौंपे अपने हलफनामे में कहा था कि अगर गंगा बेसिन में 1000 क्यूसेक पानी का प्रवाह बना रहता है तो नए बाँध बनाए जा सकते हैं। दरअसल ये मंत्रालय 1916 के जिस समझौते

का जिक्र कर रहे हैं, वह तत्कालीन ब्रिटिश सरकार, गंगा घाटी के आस-पास के रजवाड़ों और हिंदू समुदाय के प्रतिनिधियों के बीच हुआ था। उस समझौते में डुबकी लगानेवाले लाखों श्रद्धालुओं को देखते हुए हरिद्वार में गंगा का प्रवाह बेहतर रखने की बात कही गई थी, लेकिन अन्य जगहों का जिक्र नहीं था।

केंद्रीय मंत्री द्वारा उत्तराखंड में गंगा नदी पर नए बाँध बनाने की योजनाओं को देखते हुए जल संसाधन मंत्रालय के रुख को काफी अहम माना जा रहा है। दरअसल बिजली मंत्रालय जलविद्युत् ऊर्जा को बढ़ावा देने के लिए नई नीति बनाने की तैयारी कर रहा है। कहा जा रहा है कि नई नीति के लागू होने के बाद उत्तराखंड में 70 से भी अधिक पावर प्रोजेक्ट स्थापित किए जाएँगे, जिनसे 9000 मेगावाट बिजली पैदा की जा सकेगी।

लेकिन जल संसाधन मंत्रालय इस योजना का शुरू से ही विरोध कर रहा है। उसका कहना है कि इतने बड़े पैमाने पर गंगा पर बाँध बनाने से उसके जल-प्रवाह पर गंभीर असर पड़ेगा। जल संसाधन मंत्रालय का यह भी कहना है कि इस तरह की योजना बनाने से पहले उत्तराखंड से बहनेवाली नदियों की जल-भंडारण क्षमता और दूसरे पर्यावरण पहलुओं का भी खयाल नहीं रखा गया है। मंत्रालय के मुताबिक नदियों पर बाँध बनाने की इजाजत टुकड़ों-टुकड़ों में दी गई है और समूचे पहाड़ी इलाके पर पड़नेवाले इनके असर के बारे में कोई आकलन नहीं किया गया है। अपने इस दावे के समर्थन में जल संसाधन मंत्रालय ने सरकार की तरफ से मंजूर की जा चुकी पुरानी अध्ययन रिपोर्टों का भी उल्लेख किया है।

इन रिपोर्टों में खुलकर आगाह किया गया है कि गंगा बेसिन के ऊपरी इलाकों में बड़े बाँध बनाने के खतरनाक परिणाम हो सकते हैं, यहाँ तक कि खुद पर्यावरण मंत्रालय ने भी वर्ष 2014 में उच्चतम न्यायालय में कहा था कि जून 2013 की भीषण प्राकृतिक आपदा में हुई हजारों लोगों

की मौत में बाँधों का भी बड़ा हाथ रहा था, लेकिन बाद में पर्यावरण मंत्रालय का रुख अचानक बदल गया। फिर तो पर्यावरण मंत्रालय की तरफ से गठित कई समितियों की रिपोर्ट और अदालतों में सौंपे गए हलफनामों में पहाड़ों पर पड़नेवाले बाँधों के असर के बारे में ज्यादा कुछ नहीं कहा गया। इनमें केवल नदी के भीतर न्यूनतम जल प्रवाह के ही बारे में बताया गया था।

पर्यावरण मंत्रालय के रुख में यह बदलाव प्रधानमंत्री कार्यालय के दखल से आया था, हालाँकि मंत्री उमा भारती को यह नागवार गुजरा था और उन्होंने पर्यावरण मंत्री प्रकाश जावड़ेकर को निजी तौर पर चिट्ठी लिखकर विरोध भी जताया। जब उच्चतम न्यायालय के संज्ञान में दोनों मंत्रियों के बीच मतभेद की बात आई तो उसने पर्यावरण और जल संसाधन मंत्रालयों के अलावा बिजली मंत्रालय को भी अपना पक्ष अलग से रखने को कहा। बिजली मंत्रालय तो पर्यावरण मंत्रालय के समर्थन में आ खड़ा हुआ, लेकिन जल संसाधन मंत्रालय के इस हलफनामे ने राजग सरकार के भीतर मतभेद को सार्वजनिक कर दिया था।

जल संसाधन मंत्रालय ने अपने हलफनामे में बाँधों की वजह से हुए हादसों का जिक्र करते हुए कहा है कि पहाड़ों पर बाँधों के व्यापक असर के अध्ययन के साथ ही बाँधों के चलते नदियों के प्रवाह की दिशा में होनेवाले बदलाव का भी अध्ययन करना होगा। मंत्रालय ने जल-प्रपातों के निर्माण और नदी के स्वाभाविक प्रवाह में आए बदलावों को समझने के लिए सभी जल-विद्युत् परियोजनाओं का समग्र अध्ययन करने की भी माँग की है। इसके साथ ही पहाड़ों में स्थानीय स्तर पर जलवायु में होनेवाले परिवर्तनों का भी अध्ययन जरूरी बताया है।

जल संसाधन मंत्रालय ने गंगा नदी पर कोई और बाँध बनाने के खिलाफ अपनाए रुख को 'नमामि गंगे अभियान' से भी जुड़ा हुआ बताया है। हलफनामे में कहा गया है कि 'भागीरथी, अलकनंदा और

मंदाकिनी बेसिन से मिलकर ही गंगा बेसिन बनता है, लिहाजा गंगा को पुनर्जीवित करने की कोई भी कोशिश इसके मौलिक प्रवाह को बनाए रखे बगैर कामयाब नहीं होगी। अगर गंगा की उत्पत्ति स्थल से संबंधित इलाकों में किसी तरह की ढिलाई बरती गई तो इस नदी का कायाकल्प करना असंभव हो जाएगा।'

गंगा को निर्मल और अविरल बनाने की कड़ी में किए जा रहे प्रयासों में सबसे बड़ी बाधा इस नदी पर बने या बनाए जा रहे बाँध हैं। विशेषज्ञों का मानना है कि गंगा को स्वच्छ बनाने के लिए इन बाँधों से उसकी मुक्ति जरूरी है। गंगा जीर्णोद्धार मामले पर बनी संसद् की प्राकलन समिति ने भी बाँधों की बाधा को खत्म करने को जरूरी माना है। समिति का कहना है कि गंगा को निर्मल बनाने के लिए उसकी अविरलता जरूरी है। गंगा में पानी का बहाव निश्चित करने की सलाह दी गई है।

वरिष्ठ सांसद डॉ. मुरली मनोहर जोशी की अगुवाई वाली तीस सदस्यीय संसदीय समिति की रिपोर्ट में बाँधों को समाप्त करने पर जोर दिया गया है। रिपोर्ट में अनुसंधान समितियों के निष्कर्ष के हवाले से कहा गया है कि नदियों पर जल-विद्युत् परियोजनाओं के निर्माण से निश्चित तौर पर स्थानीय परिस्थितियों पर अतिरिक्त बोझ पड़ा है। साफ किया है कि वनों की हानि, जल गुणवत्ता, भूगर्भीय जल प्रभाव के रूप में पर्यावरण को साफतौर पर नुकसान दिखाई दे रहा है। समिति ने सावधान किया है कि ऐसा होने से लगातार भूस्खलन और दूसरी आपदाओं का खतरा बढ़ जाने की आशंका है।

रिपोर्ट में इस बात को उठाया गया है कि गंगा नदी पर मौजूद बाँधों और विद्युत् संयंत्रों (एच.ई.पी.सी.), जल भंडारण और विद्युत् उत्पादन परियोजना एक तरह से इसको घेरे हुए है। समिति ने विद्युत् मंत्रालय की रिपोर्ट में आँकड़े के आधार पर बताया है कि गंगा नदी और उसकी

सहायक नदियों पर 2668 मेगावाट की कुल क्षमतावाली सात स्कीमें फिलहाल प्रचलन में हैं। संसदीय समिति की रिपोर्ट में पर्यावरण और जल मंत्रालय की तरफ से जारी रिपोर्ट का हवाला देकर कहा गया है कि गंगा, भगीरथी और अलकनंदा बेसिन में जल विद्युत् परियोजनाओं से भी पर्यावरण पर दबाव बढ़ रहा है।

बाँध एवं नदी परियोजनाएँ

गंगा नदी पर निर्मित अनेक बाँध भारतीय जन-जीवन तथा अर्थव्यवस्था के महत्त्वपूर्ण अंग हैं। इनमें प्रमुख हैं—फरक्का बाँध, टिहरी बाँध तथा भीमगोड़ा बाँध। फरक्का बाँध (बैराज) भारत के पूर्वी भाग में बिहार-बंगाल प्रांत में स्थित गंगा नदी पर बनाया गया है। इस बाँध का निर्माण कोलकाता बंदरगाह को गाद (सिल्ट) से मुक्त कराने के लिए किया गया था, जो कि 1950 से 1960 तक इस बंदरगाह की प्रमुख समस्या थी। कोलकाता गंगा की शाखा हुगली नदी पर स्थित एक प्रमुख बंदरगाह है। ग्रीष्म ऋतु में हुगली नदी के बहाव को निरंतर बनाए रखने के लिए गंगा नदी के जल के एक बड़े हिस्से को फरक्का बाँध के द्वारा हुगली नदी में मोड़ दिया जाता है। गंगा पर निर्मित दूसरा प्रमुख बाँध टिहरी बाँध, टिहरी विकास परियोजना का एक प्राथमिक बाँध है, जो उत्तराखंड के टिहरी जिले में स्थित है। यह बाँध गंगा नदी की प्रमुख सहयोगी नदी भागीरथी पर बनाया गया है। टिहरी बाँध की ऊँचाई 261 मीटर है, जो इसे विश्व का पाँचवाँ सबसे ऊँचा बाँध बनाती है। इस बाँध से 2400 मेगावाट विद्युत् उत्पादन, 2,70,000 हेक्टेयर क्षेत्र की सिंचाई और प्रतिदिन 102.20 करोड़ लीटर पेयजल दिल्ली, उत्तर प्रदेश एवं उत्तराखंड को उपलब्ध कराना प्रस्तावित है। तीसरा प्रमुख बाँध भीमगोड़ा बाँध हरिद्वार में स्थित है, जिसको सन् 1840 में अंग्रेजों ने गंगा नदी के पानी को विभाजित कर ऊपरी गंगा नहर में मोड़ने के लिए बनवाया था। यह नहर हरिद्वार के भीमगोडा नामक स्थान से गंगा नदी के दाहिने तट

से निकलती है। प्रारंभ में इस नहर में जलापूर्ति गंगा नदी में एक अस्थायी बाँध बनाकर की जाती थी। वर्षाकाल प्रारंभ होते ही अस्थायी बाँध टूट जाया करता था तथा मानसून अवधि में नहर में पानी चलाया जाता था। इस प्रकार इस नहर से केवल रबी की फसलों की ही सिंचाई हो पाती थी। अस्थायी बाँध निर्माण स्थल के डाउनस्ट्रीम में वर्ष 1978–1984 की अवधि में भीमगोडा बैराज का निर्माण करवाया गया। इसके बन जाने के बाद ऊपरी गंगा नहर प्रणाली से खरीफ की फसल में भी पानी दिया जाने लगा।

टिहरी बाँध

सिंचाई साधन के रूप में गंगा

सिंचाई के लिए गंगा के पानी का उपयोग, चाहे बाढ़ का पानी हो या फिर नहरों का, पुरातन काल से ही प्रचलित है। गंगा से इस तरह की सिंचाई का उल्लेख धर्मग्रंथों तथा 2,000 से भी ज्यादा वर्ष पहले लिखे पुराणों में मिलता है। चौथी सदी में यूनान से भारत आए राजदूत मेगस्थनीज ने यहाँ सिंचाई के उपयोग का उल्लेख किया है। 12वीं सदी से मुसलिमकाल में सिंचाई प्रणाली बहुत विकसित थी और मुगल बादशाहों

ने बहुत सी नहरों का निर्माण किया था। बाद में ब्रिटिश शासकों ने सिंचाई प्रणाली का और भी विस्तार किया।

उत्तर प्रदेश और बिहार स्थित गंगा घाटी के कृषि क्षेत्रों को सिंचाई नहरों की प्रणाली से बहुत लाभ हुआ है, खासतौर से इस विकसित सिंचाई प्रणाली के कारण गन्ना, कपास और तिलहन जैसी नकदी फसलों की पैदावार में वृद्धि संभव हुई। पुरानी नहरें मुख्यतः गंगा-यमुना के दोआब इलाके में हैं। ऊपरी गंगा नहर हरिद्वार से शुरू होती है और अपनी सहायक नहरों सहित 9,524 किलोमीटर लंबी है। निचली गंगा नहर की लंबाई अपनी सहायक नहरों सहित 8,238 किलोमीटर है और यह नरोरा से प्रारंभ होती है। शारदा नहर से उत्तर प्रदेश में अयोध्या की भूमि सींची जाती है। गंगा के उत्तर में भूमि की ऊँचाई अधिक होने से नहरों के द्वारा सिंचाई करना कठिन होने के कारण भूमिगत जल पंप द्वारा खींचकर सतह पर लाया जाता है। उत्तर प्रदेश और बिहार के काफी बड़े इलाके में हाथ से खोदे हुए कुओं से निकली नहरों के द्वारा सिंचाई की जाती है।

बांग्लादेश में गंगा-कबाडाक योजना मुख्यतः सिंचाई के लिए ही है और उसमें खुलना, जेशोर और कुश्तिया जिलों के वे हिस्से आते हैं, जो डेल्टा के कमजोर हिस्से हैं, जहाँ नदियों का मार्ग गाद और घनी झाड़ियों के कारण अवरुद्ध हो चुका है। इस इलाके में कुल वार्षिक वर्षा सामान्यतः 1,524 मिलीमीटर से कम होती है तथा शीत ऋतु तुलनात्मक रूप से शुष्क रहती है। यहाँ की सिंचाई प्रणाली भी नहरों तथा भूमिगत जल खींचनेवाले विद्युत् चालित उपकरणों पर आधारित है।

जल परिवहन

प्राचीनकाल में गंगा और इसकी कुछ सहायक नदियाँ, खासतौर से पूरब में, नौकायन के उपयुक्त थीं। मेगस्थनीज के अनुसार, चौथी शताब्दी ई.पू. में गंगा और इसकी प्रमुख सहायक नदियों में नौकायन होता था। गंगा के बेसिन में अंतर्देशीय नदी नौकायन 14वीं शताब्दी तक

भी फल-फूल रहा था। 19वीं सदी के आते-आते सिंचाई तथा नौकायन के लिए उपयुक्त नहरों की जल परिवहन प्रणाली के प्रमुख मार्ग बन चुके थे। पैंडल स्टीमरों के आगमन से अंतर्देशीय परिवहन में भी जो क्रांति आई, उससे बंगाल और बिहार के नील उद्योग को बहुत बढ़ावा मिला था। गंगा में कोलकाता से इलाहाबाद और उससे आगे यमुना में आगरा तक तथा उधर ब्रह्मपुत्र तक नियमित स्टीमर सेवाएँ चलने लगी थीं।

पद्मा जलधारा में स्टीमर

19वीं सदी के मध्य में रेलमार्गों के बनने से बड़े पैमाने पर जल परिवहन में गिरावट शुरू हो गई। सिंचाई हेतु पानी बहुत अधिक मात्रा में खींच लिये जाने से भी नौकायन विपरीत रूप से प्रभावित हुआ। अब तो नौकायन केवल इलाहाबाद के आस-पास के मध्य गंगा बेसिन तक ही सीमित होकर रह गया है, जिसमें से अधिकांश देसी नौकाओं पर आधारित है।

पश्चिम बंगाल तथा बांग्लादेश अब भी जूट, घास, चाय, अनाज तथा अन्य कृषि और ग्रामीण उत्पादों के परिवहन के लिए जलमार्गों पर निर्भर हैं। बांग्लादेश में चालना, खुलना, बारीसाल, चाँदपुर, नारायणगंज, ग्वालंदो घाट, सिरसागंज, भैरव बाजार तथा फेंचूगंज और भारत में कोलकाता, गोलपाड़ा, धुबरी और डिब्रूगढ़ प्रमुख नदी बंदरगाह हैं। 1947 में भारत के विभाजन से बड़े दूरगामी परिवर्तन हुए। कोलकाता से असम तक अंतर्देशीय जलमार्गों के द्वारा पहले बड़े पैमाने पर होनेवाला व्यापार लगभग बंद ही हो गया।

बांग्लादेश में अंतर्देशीय जल परिवहन की जिम्मेदारी अंतर्देशीय जल परिवहन प्राधिकरण की है। भारत में अंतर्देशीय जलमार्गों का नीति निर्धारण केंद्रीय अंतर्देशीय जल परिवहन मंडल (सेंट्रल वॉटर ट्रांसपोर्ट बोर्ड) करता है, लेकिन राष्ट्रीय जलमार्गों की व्यापक प्रणाली का विकास एवं रख-रखाव अंतर्देशीय जलमार्ग (इनलैंड वॉटरवेज अथॉरिटी) प्राधिकरण करता है। गंगा के बेसिन में इलाहाबाद से लेकर हल्दिया तक लगभग 1,607 किलोमीटर लंबा जलमार्ग इस प्रणाली में शामिल है।

गंगा डेल्टा के मुख पर भारत की सीमा के ठीक भीतर फरक्का बाँध का निर्माण बांग्लादेश और भारत के बीच विवाद का कारण बन गया है। भारत का कहना है कि गाद के जमने तथा खारा पानी घुस आने की वजह से कोलकाता बंदरगाह का पतन हो गया है। कोलकाता की स्थिति में सुधार के लिए खारे पानी को निकालकर और जलस्तर को बढ़ाकर भारत ने फरक्का बैराज से गंगा को मोड़कर ताजा पानी हासिल करने की कोशिश की है। अब एक बड़ी नहर द्वारा पानी भागीरथी नदी में लाया जाता है, जो कोलकाता से परे हुगली नदी में समाहित होता है।

बांग्लादेश का कहना है कि नदियों के तटवर्ती देशों की परस्पर समृद्धि के लिए यह जरूरी है कि अंतर्देशीय नदियों के पानी पर उनका संयुक्त नियंत्रण होना चाहिए। सिंचाई, नौकायन तथा खारे पानी की

रोकथाम व्यवस्था के लिए गंगा का पानी बांग्लादेश में भी उतना ही आवश्यक है, जितना भारत के लिए। बांग्लादेश के अनुसार, फरक्का बाँध ने उसे पानी के एक ऐसे बहुमूल्य स्रोत से वंचित कर दिया है, जो कि उसकी समृद्धि के लिए आवश्यक है। दूसरी तरफ भारत गंगाजल की समस्या के बारे में द्विपक्षीय रवैया अपनाए जाने के पक्ष में है। दोनों देशों के बीच कई अंतरिम समझौते हुए हैं, लेकिन अभी तक इस विवाद का कोई स्थायी हल नहीं निकल पाया है। भारत के असम में ब्रह्मपुत्र के पानी को बांग्लादेश से होकर एक नहर द्वारा गंगा में मोड़ने के प्रस्ताव के जवाब में बांग्लादेश ने सुझाया है कि पूर्वी नेपाल पश्चिम बंगाल होते हुए एक नहर बांग्लादेश तक बनाई जाए। किसी भी प्रस्ताव को सकारात्मक प्रतिक्रिया नहीं मिली है। 1987 तथा 1988 में बांग्लादेश में आई प्रलयंकारी बाढ़ों, जिसमें 1988 की बाढ़ उस देश के इतिहास की सर्वाधिक विनाशकारी बाढ़ थी, इसको देखते हुए विश्व बैंक ने इस क्षेत्र के लिए अब बाढ़ नियंत्रण की एक दूरगामी योजना बनाई है।

सुंदरवन में खारे पानी का फैलाव

अब प्रधानमंत्री मोदीजी ने तीस्ता नदी जल–विवाद के साथ गंगा नदी संबंधी मामले को भी सुलझाने के लिए प्रभावी कदम उठाया है, किंतु आश्चर्य की बात है कि बिहार के इंजीनियर मुख्यमंत्री नीतीशजी कुमार फरक्का बाँध के विरोधी रहे हैं। राष्ट्रीय स्तर की संगोष्ठी आयोजित करके उन्होंने कहा कि गंगा की अविरलता को कायम रखने के लिए जरूरी है कि पर्यावरणीय संतुलन बनाए रखें तथा बिहार और बंगाल में न्यूनतम प्रवाह बनाए रखने के लिए मानक तय करें। साथ ही फरक्का बराज की उपयोगिता पर प्रश्न चिह्न लगाते हुए कहा कि इससे जल जमाव होता है तथा बिहार में बक्सर से लेकर भागलपुर तक लोगों को कई प्रकार की समस्याओं से जूझना पड़ता है।

□

स्वच्छता अभियान

राष्ट्रीय स्वच्छ गंगा मिशन

राष्ट्रीय स्वच्छ गंगा मिशन, राष्ट्रीय गंगा नदी बेसिन प्राधिकरण का कार्यान्वयन खंड है। यह जल संसाधन नदी विकास और गंगा संरक्षण मंत्रालय के अंतर्गत एक पंजीकृत सोसाइटी है। राष्ट्रीय स्वच्छ गंगा मिशन के शासी निकाय के वर्तमान अध्यक्ष सचिव, भारत सरकार, जल संसाधन, नदी विकास और गंगा संरक्षण मंत्रालय हैं। आर्थिक कार्य संबंधी मंत्रिमंडल समिति के अनुमोदन के अनुसार राष्ट्रीय गंगा नदी बेसिन प्राधिकरण का अधिदेश राष्ट्रीय स्वच्छ गंगा मिशन द्वारा कार्यान्वित किया जा रहा है। राष्ट्रीय स्वच्छ गंगा मिशन स्तर पर समन्वय निकाय है, जो कि सोसाइटी पंजीकरण अधिनियम 1860 के अंतर्गत सोसाइटी के रूप में भी पंजीकृत है। इसे राज्य स्तर कार्यक्रम प्रबंधन समूहों द्वारा सहायता प्रदान की जा रही है। भारत सरकार नियमावली 1961 के 306वें संशोधन के अनुसार राष्ट्रीय गंगा नदी बेसिन प्राधिकरण और राष्ट्रीय स्वच्छ गंगा मिशन, दोनों जल संसाधन नदी विकास और गंगा संरक्षण मंत्रालय को आबंटित है। राष्ट्रीय स्वच्छ गंगा मिशन के कार्य करने का क्षेत्र उन राज्यों, जहाँ से गंगा बहती है, के सहित गंगा नदी बेसिन तथा राष्ट्रीय राजधानी क्षेत्र दिल्ली है।

राष्ट्रीय स्वच्छ गंगा मिशन के निदेशक भारत सरकार में संयुक्त

सचिव हैं। राष्ट्रीय स्वच्छ गंगा मिशन के संपूर्ण सर्वेक्षण के तहत इन परियोजनाओं के प्रभावी रूप से कार्यान्वयन हेतु राज्य स्तर के कार्यक्रम प्रबंधन समूहों के अध्यक्ष भी संबंधित राज्यों के वरिष्ठ अधिकारी होते हैं। इस समय सचिव, जल संसाधन, नदी विकास और गंगा संरक्षण मंत्रालय ने मिशन निदेशक राष्ट्रीय स्वच्छ गंगा मिशन का अतिरिक्त कार्यभार सँभाल रखा है।

गंगा : हिमालय की वनाच्छादित घाटियों में

राष्ट्रीय गंगा नदी बेसिन प्राधिकरण के कार्यों में गंगा नदी बेसिन प्रबंधन योजना तैयार करना, प्रदूषण बचाव नियंत्रण और निवारण के उद्‌देश्य से कार्यकलापों को विनियमित करना, जल गुणवत्ता को बनाए रखना और गंगा बेसिन राज्यों में नदी परिस्थितियों के संबद्ध उपायों को करना शामिल है।

अधिदेश है कि गंगा नदी में न्यूनतम पारिस्थितिकीय प्रवाह को बनाए रखना तथा निम्नलिखित को शामिल करते हुए योजना वित्त पोषण और कार्यक्रमों को शुरू करके प्रदूषण समाप्त करने का कार्य सुनिश्चित करें—

- सीवेज आधारभूत संरचना तैयार करना
- आवाह क्षेत्र उपचार
- मैदानी क्षेत्र में बाढ़ सुरक्षा
- जनजागरूकता सृजित करना
- नमामि गंगे कार्यक्रम

केंद्रीय बजट में गंगा के संरक्षण तथा सुधार पर पहले से ही व्यय हो चुके धन की बड़ी राशि का संज्ञान लिया है, जिसका इस देश में सामूहिक जानकारी में अत्यधिक विशेष स्थान है, तथापि प्रयासों का कोई वांछित परिणाम नहीं निकला, क्योंकि सभी पणधारियों के संयुक्त प्रयासों का अभाव था।

तदनुसार बजट 2014-15 के दौरान नमामि गंगे नामक एक समेकित गंगा संरक्षण मिशन की स्थापना हुई। नमामि गंगे भविष्य में एक सुदृढ कार्य योजना के लिए मौजूदा सतत प्रयासों और योजना का समेकन करके गंगा पुनरुद्धार का प्रस्ताव करता है। घाटों और नदी तटों पर कार्यों से बेहतर नागरिक संपर्क सरल और कारगर होगा और नदी केंद्रीय शहरी नियोजन प्रकिया के लिए रास्ता बनाएगा।

गंगा पुनरुद्धार की बहु-क्षेत्रीय, बहु-आयामीय और बहु-पणधारी

प्रकृति को पहचानते हुए (क) जल संसाधन नदी विकास और गंगा संरक्षण मंत्रालय (ख) पर्यावरण वन और जलवायु परिवर्तन (ग) जहाजरानी (घ) पर्यटन (ड) शहरी विकास (च) पेयजल और स्वच्छता और ग्रामीण विकास जैसे प्रमुख मंत्रालय एक कार्य योजना पर पहुँचने के लिए जून 2014 से साथ-साथ काम कर रहे हैं। संबंधित मंत्रालयों ने एक मसौदा कार्य योजना का विकास करने के लिए सचिवों के समूह को नामित किया है और प्रगति की समीक्षा करने और मार्गदर्शन देने के लिए आवधिक बैठकें आयोजित कीं। सचिवों के समूह ने 21 जुलाई, 2014 को अपनी आरंभिक रिपोर्ट प्रस्तुत की तथा माननीय मंत्री से फीडबैक प्राप्त होने के बाद 28 अगस्त, 2014 को अंतिम रिपोर्ट प्रस्तुत कर दी गई है।

गंगा की सफाई के लिए इको टास्क फोर्स

रक्षा मंत्रालय द्वारा भूतपूर्व सैनिकों सहित टेरीटोरियल आर्मी के अंतर्गत इको टास्क फोर्स की चार बटालियनें काम पर लगाई गई हैं। इको टास्क फोर्स गंगा में औद्योगिक प्रदूषण पर नियंत्रण रखेगी, गंगा में पौधारोपण की सुरक्षा करेगी और जागरूकता उत्पन्न करेगी।

गंगा की सफाई में लगे इको टास्क फोर्स

संस्वीकृत परियोजनाएँ

राष्ट्रीय गंगा नदी बेसिन प्राधिकरण ने जापान अंतरराष्ट्रीय एजेंसी और विश्व बैंक की सहायता से बाह्य रूप से सहायता प्राप्त परियोजना घटक सहित एन.जी.आर.बी.ए. कार्यक्रम के अंतर्गत 8383.13 करोड़ रुपए की लागत से गंगा से संबद्ध राज्यों के 53 नगरों में लगभग 96 परियोजनाओं को अब तक स्वीकृत किया है, इनमें सीवेज नेटवर्क बिछाने, उपचार संयंत्रों, नदी के अग्रभाग के विकास आदि के लिए उत्तर प्रदेश में 2256.01 करोड़ रुपए, बिहार में 2155.62 करोड़ रुपए, झारखंड में 99.36 करोड़ रुपए, पश्चिम बंगाल में 1352.51 करोड़ रुपए और उत्तराखंड में 378.41 करोड़ रुपए की परियोजना शामिल है। इन संस्वीकृत परियोजनाओं में प्रदूषण सूचीकरण गंगा नदी पर आकलन और निगरानी पर्यावरण विनियामक को सुदृढ बनाने के संबंध में 198.48 करोड़ रुपए की तीन सी.पी.सी.बी. परियोजनाएँ और एन.एम.सी.जी. में गंगा ज्ञान केंद्र की स्थापना की एक परियोजना भी शामिल है। इसके अतिरिक्त, जैव विविधता संरक्षण, वनीकरण और गंगा की विशेषताओं के आकलन संचार और जागरूकता तथा डॉल्फिन संरक्षण से संबंधित परियोजनाओं के लिए 20.42 करोड़ रुपए मंजूर किए गए हैं। संस्वीकृत परियोजनाओं के कार्यान्वयन पर 1664.73 करोड़ रुपए का व्यय किया गया है।

औद्योगिक प्रदूषण-परियोजना की स्थिति

निम्नलिखित 5 स्थानों पर व्यक्त समूहों के लिए शून्य तरल निस्सरण प्रणाली के साथ सामान्य बहिस्राव परिशोधन संयंत्र के कार्यान्वयन के लिए नैदानिक अध्ययन और व्यवहार्यता रिपोर्ट, विस्तृत परियोजना रिपोर्ट और निविदा तैयार करने का कार्य चल रहा है—

मथुरा, रूमा, पिलखुआ, फर्रुखाबाद, भदोही, जाजमऊ और कानपुर में चर्म शोधन शालाओं के लिए शून्य तरल निस्सरण प्रणाली

के साथ सामान्य बहिस्राव परिशोधन संयंत्र के कार्यान्वयन के लिए विस्तृत परियोजना रिपोर्ट कार्य की तैयारी चल रही है।

गंगा ग्राम-परियोजना की स्थिति

9 ग्राम प्रधानों और 4 मुखिया के लिए 07 से 09 अक्तूबर, 2015 को साहेबगंज जिला (झारखंड) से सींचेवाल, जालंधर, पंजाब तक प्रदर्शन दौरा/अध्ययन दौरा किया गया।

□

‘तरुण भारत संघ’ के प्रयास

‘तरुण भारत संघ’ ने पिछले 25 वर्षों में देश भर में दस हजार से ज्यादा जोहड़-तालाब बनवाए हैं। इस संगठन के कार्यकर्ताओं ने समुदायों को सचेत करके जल की समझ बढ़ाकर और उन्हें जल सहेजनेवाले कार्यों से जोड़कर तथा जल संरक्षण तथा जल के अनुशासित उपयोग के संस्कार बनाकर और कम पानी में पैदा होनेवाले अन्न उत्पादन को बढ़ावा देकर सात नदियों को पुनर्जीवित किया है।

यह संगठन नदियों से प्रदूषण रोकने हेतु सामुदायिक प्रदूषण मापन करके समाज तथा राज्य की जिम्मेदारी बताने में, नदियों का पर्यावरणीय प्रवाह सुनिश्चित करने हेतु भूजल शोषण रोकने में तथा ‘रिज से वैली’ सिद्धांत का पालन करके भूजल पुनर्भरण करने में लगा है।

इस संगठन ने अभी तक 144 नदियों की चेतना यात्राएँ आयोजित की हैं। इस संगठन का दूसरा नाम नदियों को पुनर्जीवित करनेवाला संगठन भी है। यह भारत में नदी पुनर्जीवित बनानेवाला संगठन माना जाता है।

इसने जिन सात नदियों-‘अरवरी, सरसा, भगाणी, जहाजवाली, साबी, रूपारेल और महेश्वरा’ को पुनर्जीवित करनेवाला काम किया है, ये सातों नदियाँ गंगा बेसिन की नदियाँ हैं, अब चाहत है कि पूरी गंगा में ही जल प्रवाह बढ़े तथा गंगा अविरल और निर्मल बने।

इसके अध्यक्ष श्री राजेंद्र सिंह ने गोमुख, भोजावास व गंगोतरी में कचरा प्रबंधन तथा प्रदूषण जाँच की सामुदायिक व्यवस्था बनाई है। भविष्य में पूरी गंगा नदी के दोनों किनारों पर गंगा संसद् आयोजित करके गंगा स्वच्छता के लिए राज, समाज और संतों की जिम्मेदारी से गंगा निगरानी रखनेवाली तरुणों व युवाओं की एक तरुण गंगा समिति बनाएँगे। इसी प्रकार प्रौढ़ों व बुजुर्गों की गंगा जल बिरादरी भी बना रहे हैं।

भगीरथ प्रयास से गंगावतरण

'तरुण भारत संघ' आजकल गंगा बेसिन प्राधिकरण को गंगा में बेसिन संवर्द्धन हेतु तैयार करने में जुटा है। बेसिन मैनेजमेंट करके पानी प्रवाह बढ़ाने की दिशा में काम कर गंगा क्षेत्र की खेती और फसल चक्र पर भारत सरकार और राज्य सरकारों का ध्यान दिलाने की कोशिश में जुटा है।

'तरुण भारत संघ' ने गंगा का सामुदायिक मास्टर प्लान तैयार किया है। यह संगठन चाहता है कि गंगा स्वच्छता की जिम्मेदारी समुदायों को दी जाए। संतजन इसकी मॉनिटरिंग करें। राज्य गंगा स्वच्छता हेतु सभी साधन जुटाएँ, जिससे गंगा में काम करनेवाले इंजीनियर व वैज्ञानिक गंगा के लिए जिम्मेदार बनकर काम कर सकें। संगठन ऐसी व्यवस्था बनवाने के लिए भी प्रयासरत है।

भारतीय समाज पूरी गंगा को समझे और समझकर इसे स्वच्छता में जोड़ने का काम करे। 'तरुण भारत संघ' गंगा के एक क्षेत्र को स्वच्छता का मॉडल बनाने में जुटा है। गंगा सबकी है। इसकी स्वच्छता हेतु सभी जिम्मेदार हैं। गंगा को भारत के संतजनों की प्रेरणा और निगरानी की जरूरत है। लंबे काल तक हमारे संतों की साधना और सिद्धि से गंगा शुद्ध बनी रही थी। 'तरुण भारत संघ' संतों को उनकी गंगा को लेकर भूमिका निभाने हेतु प्रार्थना कर रहा है। कुंभ में भी बहुत से कार्यक्रम इसी उद्देश्य से रखे गए थे।

'तरुण भारत संघ' ने पूरी गंगा में गंगा संवाद आयोजित करने, तरुण 'गंगा निगरानी समितियाँ' बनाने, 'गंगा जल बिरादरी' गठित करके गंगा के रचनात्मक कार्य कराने, गंगा स्वच्छता चेतना यात्रा के बाद शुक्रताल से नरोरा के बीच गंगा स्वच्छता हेतु रीवर-सीवर को अलग-अलग कर छोटी-छोटी जल धाराओं को पुनर्जीवित बनाने, सजीव खेती को बढ़ावा दिलाने और गंगा भूमि तथा जल स्रोतों के सीमांकन की माँग की है। उम्मीद है, सरकार शीघ्र ही गंगा भूमि पर अतिक्रमण हटवाने का कार्य

शुरू कर देगी; अन्यथा 'तरुण भारत संघ' पुनः सत्याग्रह शुरू करेगा।

इस संगठन ने एक हजार गंगा भक्तों को गंगा सेवा में लगाने की तैयारी की है। गंगा की अविरलता तथा निर्मलता के कार्य में समुदायों को जोड़ना है। समाज का मन-मानस गंगामय बनाकर गंगा की विलक्षण प्रदूषणनाशिनी शक्ति की रक्षा करनी है। गंगा सेवा से गंगा संरक्षण संभव है। गंगा सेवा उद्गम स्थल गोमुख से शुरू की है।

संगठन ने 2010 से सैफ मंदिर समिति, गंगोतरी, साधु समाज के साथ मिलकर कचरा प्रबंधन व पुनर्चक्रण का कार्य शुरू किया है। गंगा स्नान पुण्य कर्म माना जाता है। सक्षम, सबल, सामर्थ्यवान् लोग गंगा के उद्गम स्थल पर पहुँचकर स्नान करके अपने कपड़े और मैला सभी कुछ गंगा में त्यागकर आते हैं। प्लास्टिक आदि भी वहीं छोड़कर आते हैं। वे इस कर्म को पाप धोना मानकर पापमुक्त बन जाते हैं। सरकार के वन एवं पर्यावरण विभाग ने इसे रोकने की कोशिश की है; लेकिन इनकी ढिलाई और गैर जिम्मेदारी ही इस कार्य को सफल नहीं होने दे रही है। यहाँ खच्चरवाड़ी का सभी मैला तथा गंगोतरी मंदिर की पूरी गंदगी भागीरथी गंगा में आती है। यहाँ के सभी घर, होटल बन गए हैं। सभी होटल अपना मैला सीधे गंगा में प्रवाहित करते हैं। साधु समाज ने ऐसा मैला गंगा मैया में जाने पर रोक लगाने का संकल्प लिया है। इस हेतु साधु समाज ने भगीरथी के बीचोबीच गंगोतरी में एक सभा आयोजित की।

गंगोतरी के सबसे पुराने कृष्णाश्रम ने ऐसी गंदगी अब गंगा मैया में नहीं जाने देने का फैसला कर लिया है। इन्होंने आश्रम की सबसे ऊँची जगह पर गंगा से दूर अपना जैविक पिट लगा लिया है। इसमें प्लास्टिक, काँच, लोहा आदि नहीं जाने देते, इन्हें अलग-अलग करके रखते हैं। □

गंगा नदी के डेल्टा पर

सुंदरवन—एक अजूबा क्षेत्र

गंगा, ब्रह्मपुत्र और मेघना नदियों की जल धाराओं का प्रवाह जहाँ शिथिल होता हुआ बंगाल की खाड़ी में मिलता है, वहीं फैला है सुंदरवन का डेल्टा, जैसा कि नाम से ही विदित है, इस वनाच्छादित क्षेत्र में सर्वाधिक संख्या में सुंदरी के वृक्ष हैं। इसकी विशेषता है कि डालियों की तरह इसकी जड़ें भी दिखलाई पड़ती हैं। छोटी-छोटी जल धाराओं तथा अनेक प्रकार के जीव-जंतुओं से भरा यह इलाका गंगासागर से पूरब की ओर बांग्लादेश से होता हुआ म्याँमार की सीमा तक फैला है। सागर तट के साथ करीब 8 हजार वर्ग कि.मी. में फैला है। यह दुनिया का सबसे बड़ा डेल्टा क्षेत्र है। इसी वजह से सुंदरवन को 'यूनेस्को' द्वारा विश्व धरोहर का संबोधन दिया गया है।

अपने नाम के अनुरूप सुंदरवन में अनेक प्रकार की वनस्पतियाँ और जलचर-थलचर पाए जाते हैं। इसी इलाके में रॉयल बंगाल टाइगर के नाम से मशहूर विशालकाय बाघ बड़ी संख्या में पाए जाते हैं। यहाँ विशेष प्रकार के चीतल, हिरण, भालू और लोमड़ियाँ दिखाई पड़ती हैं, साथ ही वृक्षों पर कई प्रकार के पक्षियों का कलरव सुनाई देता है। जगंलों के बीच कीचड़ और जलप्रवाह में मछलियों के साथ-साथ मगरमच्छ, डालफिन आदि की बहुलता है। सघन वनों में मणिधर सर्प भी मिलते हैं।

सुंदरवन का वनाच्छादित क्षेत्र

प्रकृति प्रदत्त ऐसी कठिन परिस्थितियों में भी मानव ने जीना सीख लिया है। जंगल और जलाशय से भरे इस इलाके में जगह-जगह पर जहाँ ऊँची भूमि है, झोंपड़ियाँ बनाकर स्थानीय लोग निवास करते हैं। इनकी आजीविका का मुख्य साधन मछली मारना, नाव चलाना, शिकार करना

तथा जंगलों से जड़ी-बूटी शहद एकत्र कर बेचना है। यहाँ बसनेवाली पिछड़ी जातियों को अब कुटीर उद्योग के लिए सरकारी सहायता उपलब्ध कराई जा रही है, जिस पर सरकारी नियंत्रण का प्रभाव उचित नहीं हो रहा है, क्योंकि इस क्षेत्र का विस्तार बंगाल में स्थित गंगासागर से लेकर बांग्लादेश और म्याँमार की सीमारेखा तक है।

बंगाल के सुंदरवन का नाम भले ही सुहाना लगता है, लेकिन यहाँ के बाशिंदों के लिए यह एक डरावनी दास्तान बनकर रह गया है। आखिर ऐसा क्यों है ?

भारत के राज्य पश्चिम बंगाल में स्थित सुंदरवन 54 छोटे द्वीपों का समूह है। सुंदरवन आदमखोर बाघों की धरती है, जहाँ हर साल दर्जनों लोग बाघों का शिकार होते हैं। यह डेल्टा सदाबहार वनों और विशाल खारे दलदलों से भरा है। इस दलदली जंगल में ऊँची-नीची-सँकरी खाड़ी है।

विशेषज्ञों का कहना है कि जलवायु परिवर्तन के कारण यहाँ मुनष्यों और बाघों को नजदीक आने के लिए मजबूर होना पड़ रहा है, ऐसे में लोगों पर बाघों के हमले बढ़ रहे हैं।

मछुआरे, शहद बटोरनेवाले शिकारी, जो अकसर जंगल के भीतर तक चले जाते हैं, शहद बटोरनेवालों को जंगल में जाने से पहले वन विभाग मुखौटा देता है। वन आधिकारियों का कहना है कि बाघ अकसर पीछे से हमला करता है और मुखौटे के जरिए उसे मूर्ख बनाया जाता है।

इस इलाके में कई जगहों पर एक बाँस पर झंडा फहराया जाता है, जिसे 'झामती' कहते हैं। इसे ऐसी जगह पर लगाया जाता है, जहाँ पर बाघों के हमले का डर होता है।

प्रतिवर्ष गंगासागर में आयोजित होनेवाले विशाल मेले के अवसर पर सुंदरवन के विकास की ओर ध्यान जाता है, किंतु अब तक इसका वांछित परिणाम नहीं निकल पाया है।

सुंदरवन में पर्यटन विकास

भारत में स्वतंत्रता प्राप्ति के बाद पर्यटन विकास की ओर भी विशेष ध्यान दिया गया। इस दिशा में पश्चिम बंगाल पर्यटन विकास निगम ने सराहनीय कार्य किया है।

पानी का फैलाव और जंगल

यह भी एक विचित्र संयोग है कि आधुनिक काल की भागदौड़ की जिंदगी में सुंदरवन का यह इलाका अब भी पुरातन सामाजिक पद्धतियों को सँजोए जलपूर्ण वनजीवन की अछूती झाँकी प्रस्तुत करता है। इसके कारण यह इलाका केवल भारतवासियों के लिए ही नहीं, बल्कि विदेशी पर्यटन को भी आकर्षित करता रहा है।

भारत के गंगासागर क्षेत्र से लेकर पूरब में बांग्लादेश और म्याँमार की सीमा तक करीब 11,000 वर्ग कि.मी. में फैला सुंदरवन क्षेत्र अपने-आपमें एक अजूबा है।

सुंदरवन अभयारण्य

तरह-तरह की मछलियों के अलावा इस इलाके में घड़ियाल, दरियाई घोड़ा, डालफिन तथा कछुआ प्रजाति के अनोखे जलचर पाए जाते हैं। अनेक छोटी-छोटी जलधाराओं के बीच छोटे-छोटे टापुओं पर रॉयल टाइगर, चीतल, चंदर अजगरों का राज्य है। सुंदरी, संतरा, खजूर, वृक्षों के साथ केवरा की झाड़ियों में गीदर, लोमड़ी के साथ अजगर और बिल्लियों का वास है।

गंगा में फरक्का के पास डालफिन

देश-विदेश से आनेवाले अनेक प्रकार के पर्यटकों के लिए केंद्र तथा राज्य सरकार के पर्यटन विभाग ने काफी इंतजाम कर रखा है। बंगाल की राजधानी कोलकाता तथा गंगासागर द्वीप के निकट स्थित डायमंड हार्बर सुंदरवन पर्यटन के लिए मुख्य केंद्र है।

नदी-नालों तथा वनों से भरे इस क्षेत्र में नाव और मोटरबोट आवागमन के साधन है। सुंदरवन पहुँचने के लिए कोलकाता से रेल या बस द्वारा 54

कि.मी. दूर केनिंग पहुँचने पर मोटरबोट से अथवा गोसाबा से सुंदरवन इलाके में प्रवेश किया जा सकता है। पर्यटन विभाग ने सोनारवाहनी और सजने खाली में रेस्टहाउस भी बना रखा है। इसके अलावा मोटरबोट के साथ अब सुंदरवन में हाउसबोट की भी व्यवस्था है।

सुंदरवन क्षेत्र मानसूनी जलवायु का इलाका है। यहाँ जून से सितंबर तक घनघोर वर्षा होती है। पर्यटकों के लिए अक्तूबर से मार्च तक का समय उत्तम माना जाता है।

□

संदर्भ ग्रंथ सूची

- राष्ट्रीय बाढ़ आयोग की रिपोर्ट, भाग–1 और 2, भारत सरकार जल संसाधन मंत्रालय, नई दिल्ली, भारत सरकार की रिपोर्ट 2016–17
- वाटर वेल्थ ऑफ इंडिया, डॉ. के.एल. राव, ओरियंट लॉन्गमैन, नई दिल्ली।
- जियोग्राफी ऑफ हिमालया, प्रो. एम.सी. बोस, नेशनल बुक ट्रस्ट इंडिया, नई दिल्ली।
- वाटर्स ऑफ होप, डॉ. वी.जी. वर्गीज, नई दिल्ली।
- इंडिया—ए रीजनल जियोग्राफी, प्रो. आर.एल. सिंह, वाराणसी।
- बिहार की नदियाँ? श्री हवलदार त्रिपाठी, ग्रंथ अकादमी, पटना।
- गंगा–बाढ़ नियंत्रण आयोग की रिपोर्ट, पटना।
- रीवर्स ऑफ इंडिया, डॉ. आर.के. भारती, एन.बी.टी. इंडिया, नई दिल्ली।
- दामोदर घाटी निगम की रिपोर्ट, कोलकाता।
- भूगोल परिभाषा कोष, केंद्रीय हिंदी निदेशालय, नई दिल्ली।
- भगीरथ (हिंदी), भगीरथ (अंग्रेजी), जल संसाधन मंत्रालय। भारत सरकार की पत्रिका।
- योजना (हिंदी) और योजना (अंग्रेजी) पत्रिकाएँ

- हमारे जल संसाधन, केंद्रीय जल आयोग, नई दिल्ली
- राष्ट्रीय जल विद्युत् निगम की रिपोर्ट–2015
- भारत वार्षिकी 2018, प्रकाशन विभाग, भारत सरकार, नई दिल्ली
- इंडिया एटलस, भारत सरकार, कोलकाता
- इंडिया–रीजनल जियोग्राफी, प्रो. ओ.एच.के., स्पेट, मैथुएन, लंदन, परिवहन मंत्रालय, भारत सरकार की रिपोर्ट–2011
- परिवहन मंत्रालय, भारत सरकार की रिपोर्ट–2011
- ऊर्जा मंत्रालय (विद्युत् विभाग), भारत सरकार की रिपोर्ट–2011
- गंगा समग्र–विवेकानंद तिवारी, सस्ता साहित्य प्रकाशन, गंगावतरण, टिहरी जल विद्युत् निगम, नई दिल्ली–2010
- राष्ट्रीय जल तथा विद्युत् निगम भारत सरकार, नई दिल्ली
- नदियाँ गाती हैं, डॉ. ओम प्रकाश भारती
- अथ नदी कथा, डॉ. हरि कृष्ण देवसरे–नई दिल्ली
- बिहार का भूगोल, राधाकांत भारती, हिंदी ग्रंथ अकादमी, पटना
- इंटरलिंकिंग ऑफ इंडियन रिवर्स, राधाकांत भारती, लोटस, नई दिल्ली
- दुइ पाटन के बीच में, दिनेश कुमार मिश्र, लोक विज्ञान, देहरादून
- हाइड्रो पावर पॉलिसी, विद्युत् मंत्रालय, नई दिल्ली
- वाटर एंड एनर्जी, केंद्रीय शक्ति और सिंचाई बोर्ड, नई दिल्ली
- टेंपल्स ऑफ मॉडर्न इंडिया, राधाकांत भारती, एन.बी.टी., नई दिल्ली
- लार्ज डैम्स इन इंडिया, सी.बी.आई. एंड पी., नई दिल्ली
- भारत का प्राकृतिक भू–विज्ञान, शंकर मोहन माथुर, एन.बी.टी., नई दिल्ली

- दि ब्रह्मपुत्र, अरुण कुमार दत्ता, एन.बी.टी., नई दिल्ली
- प्लानिंग एटलस, डी.वी.सी., कोलकाता
- राष्ट्रीय जल विकास अभिकरण, नई दिल्ली की रिपोर्ट-2012
- जल परिवहन की रिपोर्ट, भारत सरकार
- इंडियन ऑब्जर्वर, नई दिल्ली
- गंगा मंथन रिपोर्ट 2016-2017, भारत सरकार, नई दिल्ली
- रामचरित मानस, गोस्वामी तुलसीदास
- गंगाष्टक, महाकवि वाल्मीकि
- गंगा समग्र, विवेकानंद तिवारी
- गंगावतरण, महाकवि विद्यापति
- भारत 2015, प्रकाशन विभाग, नई दिल्ली
- योजना पत्रिका
- भगीरथ पत्रिका, जल आयोग, नई दिल्ली
- इंडिया—रीजनल—एच.के.स्पेट, लंदन
- वाटर वेल्थ ऑफ इंडिया—डॉ. के.एल. राव—मैकमिलिन, नई दिल्ली
- भारत की नदियाँ—राधाकांत भारती, एन.बी.टी., नई दिल्ली
- अथ नदी कथा—डॉ. देवसरे, नई दिल्ली
- मॉडर्न टेंपल ऑफ इंडिया—राधाकांत भारती
- रिपोर्ट, जल संसाधन मंत्रालय 2014-15, दिल्ली
- नेचर ऐंड द गंगा वाटर—प्रो. भार्गव

□□□